Cuando todos los días son feriados

Un viaje por las celebraciones del mundo

Vimi Vera

Copyright © 2023 Vimi Vera

Todos los derechos reservados.

www.comolovi.es

Contenido

La magia de las festividades..5

La riqueza cultural y la creatividad de las festividades...............17

    Festividades de Occidente..19

    Festividades en Asia:...21

    Festividades en África...23

    Celebraciones en América Latina...25

    Festividades en Medio Oriente..27

    Festividades en Oceanía...28

    Celebraciones en Europa..29

    Festividades en Norteamérica...31

Diversidad de las festividades del mundo..................................33

    Festividades con animales..34

    Festividades de comida..40

    Festividades de disfraces y máscaras...................................49

    Festividades telacionadas con la naturaleza.......................57

    Festividades insólitas..63

    Celebraciones de supersticiones y mitos............................70

    Festividades de deportes extremos.....................................84

    Festividades de arte y creatividad.......................................92

    Festividades en peligro de extinción..................................100

Un encuentro de tradiciones..108

Consejos para viajar y experimentar festividades de manera segura..111

La magia de las festividades

Las festividades, esas ocasiones especiales que nos transportan a un mundo de alegría y asombro, están llenas de magia. A lo largo de la historia y en todo el mundo, las festividades han desempeñado un papel fundamental en la vida de las personas. Son momentos que nos permiten escapar de la rutina diaria y sumergirnos en un mundo lleno de color, ritmo y significado.

La magia de la tradición es un elemento fundamental que envuelve a las festividades en todo el mundo. Estas celebraciones no solo son momentos de diversión y alegría, sino que también actúan como portadoras de tradiciones culturales arraigadas en la historia de una comunidad. A través de las festividades, las generaciones actuales tienen la oportunidad de conectarse con las prácticas y creencias de sus antepasados, preservando así un valioso legado cultural.

La conexión entre el pasado y el presente se hace evidente durante las festividades, ya que muchos de los rituales y ceremonias que se llevan a cabo tienen raíces profundas en la historia. Estos actos no solo son una forma de recordar a quienes vinieron antes, sino que también sirven como un puente que une generaciones, permitiendo a las personas contemporáneas experimentar y comprender la importancia de sus raíces culturales.

Las festividades no solo son una expresión de alegría y celebración, sino que también actúan como espejos que reflejan la identidad y los valores de una comunidad. A través de las tradiciones festivas, una comunidad puede expresar sus creencias, su historia y lo que considera más importante en la vida. Estas festividades a menudo son un testimonio de la diversidad cultural que enriquece nuestro mundo y nos muestra la riqueza de las distintas tradiciones que dan forma a nuestras vidas. En última instancia, la magia de la tradición en las festividades nos recuerda que somos parte de algo más grande que nosotros mismos y nos invita a apreciar la herencia cultural que nos ha sido transmitida a lo largo de los siglos.

La magia de la celebración es una experiencia que nos llena de alegría y nos une de maneras profundas y significativas. Las festividades son momentos designados para festejar, reír, bailar y compartir con otros, y este acto de celebrar en sí mismo es una fuente inagotable de alegría. Durante las festividades, las personas se reúnen para compartir en la felicidad colectiva, lo que fortalece los lazos comunitarios y crea un sentido de unidad que puede trascender las diferencias individuales.

La celebración también brinda la oportunidad de liberar la creatividad y expresión personal de maneras únicas. La decoración festiva, la música, el baile y los disfraces son solo algunas de las formas en que las personas pueden expresar su individualidad y creatividad durante las festividades. Esta expresión personal agrega una dimensión especial a las festividades, convirtiéndolas en momentos memorables y únicos en la vida de cada participante.

Además de fomentar la creatividad, las festividades nos ayudan a conectarnos con nuestras emociones de manera profunda. Durante estos momentos especiales, experimentamos una amplia gama de emociones, desde la euforia y la diversión hasta la nostalgia y la gratitud. La música y la danza, en particular, tienen el poder de evocar emociones y recuerdos que a menudo están enterrados en lo más profundo de nuestro ser. Esta conexión emocional nos permite apreciar la riqueza de la experiencia humana y nos recuerda la importancia de celebrar la vida en todas sus facetas.

La magia de la celebración es un fenómeno que impregna nuestras vidas con alegría y unidad. En esencia, celebrar es una manifestación de la alegría y el regocijo por algo significativo en nuestras vidas, ya sea una ocasión especial, un logro personal o un evento cultural. Cuando nos entregamos a la celebración, experimentamos una sensación de euforia y felicidad compartida. La celebración actúa como un recordatorio de la belleza de la vida y nos une en un sentimiento colectivo de alegría y gratitud.

Una de las características más notables de las festividades es la liberación de la creatividad y la expresión personal que traen consigo. Durante estos momentos especiales, las personas se sienten inspiradas para decorar, vestirse de manera extravagante, crear música y danzas únicas, y participar en actividades que normalmente no serían parte de su rutina diaria. Esta expresión personal y creativa es una forma de celebrar nuestra individualidad y contribuye a la riqueza de la experiencia festiva.

Además de fomentar la creatividad, las festividades también nos ayudan a conectarnos con nuestras emociones en un nivel profundo. Durante estos momentos de celebración, nuestras emociones son intensas y variadas. Desde la alegría exuberante hasta la nostalgia, desde la gratitud hasta la reflexión, las festividades nos permiten explorar y expresar una amplia gama de sentimientos. La música, el baile y la interacción con otros participantes enriquecen esta experiencia emocional, ayudándonos a conectarnos con nosotros mismos y con los demás de una manera auténtica.

La magia de la transformación es una de las características más impresionantes de las festividades. Durante estos eventos especiales, las ciudades y pueblos se convierten en escenarios de asombro y maravilla. La transformación física de los espacios urbanos y rurales crea una atmósfera única que transporta a las personas a un mundo diferente, lleno de color y fantasía.

Las festividades tienen el poder de convertir lugares familiares en paisajes mágicos. Las calles que vemos todos los días se llenan de vida y energía durante las festividades. Los edificios se decoran con luces centelleantes, banderas coloridas y adornos festivos que cambian por completo su apariencia. Los parques y plazas se convierten en lugares de reunión decorados con esculturas temporales, escenografías elaboradas y puestos de comida y bebida que emanan aromas deliciosos.

La decoración festiva y la iluminación son elementos clave en esta transformación. Las luces parpadeantes, las guirnaldas y las velas crean un ambiente cálido y acogedor, mientras que las esculturas luminosas y los fuegos artificiales añaden un toque de espectacularidad. Estos elementos visuales y sensoriales juegan un papel fundamental en la creación de la atmósfera festiva y en la generación de una sensación de asombro y emoción entre los participantes.

La experiencia de entrar en un mundo diferente durante una festividad es algo verdaderamente mágico. Las personas que participan en estas celebraciones a menudo sienten que están escapando de la realidad cotidiana y entrando en un reino de fantasía y diversión. Esta transformación temporal de su entorno les permite desconectar de las preocupaciones diarias y sumergirse por completo en la celebración. Es como si un hechizo se apoderara del lugar, invitando a las personas a dejar atrás sus preocupaciones y disfrutar del momento.

La magia de la transformación durante las festividades radica en la forma en que las ciudades y pueblos se convierten en escenarios de ensueño. La decoración festiva, la iluminación y la sensación de entrar en un mundo diferente contribuyen a crear una experiencia única y memorable para todos los participantes. Esta transformación temporal nos recuerda la capacidad de la celebración para cambiar nuestra perspectiva y hacernos apreciar la belleza y la maravilla que nos rodea.

La magia de la comunidad es un aspecto fundamental de las festividades. Estos eventos actúan como momentos de encuentro y unión, reuniendo a personas de diferentes orígenes y edades bajo el mismo espíritu de celebración. La comunidad se convierte en el corazón y el alma de las festividades, y esta unión de personas crea un ambiente único lleno de camaradería y alegría compartida.

En las festividades, la comunidad desempeña un papel esencial en la organización y la celebración. Desde la planificación y coordinación de los eventos hasta la preparación de comidas tradicionales y la participación en actividades festivas, las personas se unen para garantizar el éxito de la celebración. La colaboración y el trabajo en equipo son aspectos clave que hacen que las festividades sean posibles, y este esfuerzo conjunto fortalece los lazos entre los miembros de la comunidad.

Una de las características más notables de las festividades es su capacidad para construir lazos sociales y amistades duraderas. Durante estos eventos, las personas tienen la oportunidad de interactuar con sus vecinos, amigos y familiares en un ambiente relajado y festivo. Se crean recuerdos compartidos a medida que las personas participan en actividades juntas, disfrutan de comidas tradicionales y se sumergen en la diversión colectiva. Estos momentos de conexión y alegría contribuyen a la cohesión de la comunidad y fomentan relaciones más sólidas y significativas.

Además de fortalecer los lazos existentes, las festividades también pueden ayudar a construir nuevas amistades y promover la inclusión. Las personas que se unen a las celebraciones, ya sean visitantes o recién llegados a una comunidad, a menudo son recibidas con los brazos abiertos. Las festividades proporcionan un punto de entrada natural para conectarse con otras personas y sentirse parte de un grupo más grande. La sensación de pertenencia y la amabilidad de la comunidad son aspectos poderosos que contribuyen a la magia de las festividades.

La magia de la comunidad en las festividades se manifiesta a través de la unión de personas de diferentes trasfondos, la colaboración en la organización y celebración de eventos, y la construcción de lazos sociales y amistades duraderas. Las festividades son momentos especiales en los que la comunidad se une en un espíritu de alegría y solidaridad, creando recuerdos compartidos y fortaleciendo los lazos que nos unen como seres humanos.

La magia de la espiritualidad es un componente esencial en muchas festividades alrededor del mundo. Estas celebraciones trascienden lo meramente superficial y se sumergen en una dimensión espiritual que agrega profundidad y significado a la experiencia. La espiritualidad en las festividades a menudo está arraigada en la religión, la tradición y la conexión con lo trascendental.

La dimensión espiritual de las festividades puede manifestarse de diversas maneras. Algunas festividades están intrínsecamente vinculadas a la religión y celebran eventos sagrados o figuras religiosas. Estas celebraciones pueden incluir rituales de adoración, procesiones religiosas y actos de devoción que permiten a las personas conectarse con lo divino y fortalecer su fe.

Además de la religión, las festividades también pueden inspirar reflexión y gratitud. En momentos de celebración, las personas a menudo se toman un tiempo para reflexionar sobre sus vidas, sus bendiciones y sus propósitos. Esto puede llevar a un profundo sentido de gratitud por lo que se tiene y por las experiencias compartidas con la comunidad. La espiritualidad en este contexto se relaciona con la apreciación de la vida y la conexión con valores más profundos.

Los rituales y las ceremonias festivas también desempeñan un papel importante en la expresión de la espiritualidad. Estos rituales pueden ser antiguos y ricos en simbolismo, y a menudo están diseñados para conectar a las personas con su herencia cultural y espiritual. Los gestos simbólicos, las ofrendas y los actos ceremoniales pueden transmitir un profundo significado espiritual y recordar a las personas la importancia de la comunidad, la tradición y la trascendencia en sus vidas.

En última instancia, la magia de la espiritualidad en las festividades radica en su capacidad para elevar nuestras experiencias a un plano más profundo y significativo. Estas celebraciones nos permiten conectarnos con lo divino, reflexionar sobre nuestras vidas y valores, y participar en rituales que honran la historia y la cultura. La espiritualidad en las festividades añade una dimensión más profunda a la alegría y la celebración, permitiéndonos encontrar un sentido más rico y trascendental en nuestros momentos de júbilo.

La magia de los momentos inolvidables es una característica distintiva de las festividades. Estos eventos especiales tienen el poder de crear recuerdos que perduran en el tiempo y se convierten en historias que se transmiten de generación en generación. Los momentos inolvidables de las festividades son tesoros que atesoramos a lo largo de nuestras vidas.

Uno de los aspectos más emocionantes de las festividades son las historias y recuerdos personales que se crean en torno a ellas. Cada festividad trae consigo una narrativa única, ya sea una anécdota divertida, una experiencia conmovedora o una aventura inolvidable. Estas historias son compartidas con amigos y familiares, lo que fortalece los lazos emocionales y crea un sentido de pertenencia a la comunidad festiva.

La emoción y la anticipación que rodea a las festividades son palpables. Desde las semanas previas a la festividad hasta el mismo día del evento, las personas sienten una mezcla de emoción, entusiasmo y alegría. La preparación de la comida, la decoración, la selección de regalos y la elección de atuendos se convierten en rituales llenos de emoción que aumentan la anticipación. Esta emoción agrega un elemento especial a las festividades y contribuye a la formación de recuerdos inolvidables.

Las festividades también tienen la capacidad de crear recuerdos duraderos para las generaciones futuras. Los niños y jóvenes que participan en festividades a menudo llevan consigo las experiencias y los valores transmitidos durante estas celebraciones a lo largo de sus vidas. Las tradiciones familiares, los rituales festivos y las historias compartidas se convierten en parte integral de la identidad de una familia o comunidad. Esto asegura que los momentos inolvidables de las festividades perduren en el tiempo, conectando el pasado y el presente, y transmitiendo la riqueza de la herencia cultural a las generaciones venideras.

La magia de los momentos inolvidables en las festividades radica en su capacidad para crear recuerdos que se mantienen a lo largo de la vida. Las historias personales, la emoción y la anticipación que rodean a las festividades, y la transmisión de tradiciones a través de las generaciones contribuyen a la formación de recuerdos duraderos y significativos. Estos momentos inolvidables enriquecen nuestras vidas y nos conectan con el pasado, el presente y el futuro, creando un legado de celebración y alegría.

La magia de la diversidad es un aspecto enriquecedor y esencial de las festividades en todo el mundo. Cada cultura, cada región y cada comunidad tiene sus propias festividades únicas que reflejan sus valores, tradiciones y creencias. Esta diversidad cultural en las festividades agrega una dimensión fascinante a la celebración y nos invita a explorar y apreciar la riqueza de las distintas culturas que dan forma a nuestro mundo.

Una de las características más notables de las festividades es la riqueza de las tradiciones y prácticas festivas en diferentes culturas. Desde el Año Nuevo Chino en Asia hasta el Carnaval en América Latina, pasando por el Festival de las Luces en la India y el

Oktoberfest en Alemania, cada festividad ofrece una visión única de la cultura que la celebra. Estas festividades a menudo incluyen música, danzas, alimentos tradicionales, vestimenta especial y rituales que tienen raíces profundas en la historia y la identidad de una comunidad.

La exploración de festividades no familiares se ha convertido en una forma valiosa de enriquecimiento cultural en la era globalizada. La curiosidad por conocer y participar en festividades de otras culturas nos brinda la oportunidad de ampliar nuestros horizontes, aprender sobre las costumbres y valores de diferentes grupos, y ganar una apreciación más profunda de la diversidad cultural del mundo. Viajar y participar en festividades en otros países o regiones nos permite sumergirnos en nuevas experiencias y abrir nuestra mente a perspectivas diferentes.

Además de enriquecer nuestras vidas a nivel personal, las festividades también promueven la tolerancia y el entendimiento intercultural. Cuando participamos en festividades de otras culturas, estamos dando un paso hacia la construcción de puentes de comunicación y entendimiento entre las personas. La celebración compartida nos muestra que, a pesar de nuestras diferencias, todos compartimos el deseo de celebrar la vida y las cosas que son importantes para nosotros. Esto contribuye a la creación de un mundo más inclusivo y armonioso.

La magia de la diversidad en las festividades reside en la riqueza de las tradiciones culturales en todo el mundo. La exploración de festividades no familiares nos enriquece culturalmente y promueve la tolerancia y el entendimiento intercultural. Al celebrar y apreciar las festividades de diferentes culturas, contribuimos a la creación de un mundo más diverso, inclusivo y enriquecedor. Las festividades se convierten en un puente que une a las personas de diferentes orígenes y nos recuerdan la belleza de la variabilidad cultural de nuestro planeta.

La magia de la esperanza es un aspecto fundamental de las festividades en todo el mundo. Estas celebraciones tienen el poder de infundir esperanza y optimismo en las personas, actuando como un faro de luz en medio de la oscuridad y como una fuente de inspiración para un futuro mejor.

Las festividades infunden esperanza y optimismo en las personas de diversas maneras. Durante estos momentos especiales, las preocupaciones y el estrés de la vida cotidiana se desvanecen, y las personas se sumergen en un ambiente de alegría y celebración. La música festiva, la decoración y las actividades alegres crean un aura de positividad que eleva los espíritus y renueva la fe en la belleza de la vida.

Además de ser momentos de celebración, las festividades tienen la capacidad de superar momentos difíciles y traer luz a la vida de las personas. En tiempos de crisis, como desastres naturales, conflictos o dificultades económicas, las festividades a menudo actúan como un bálsamo emocional. Sirven como recordatorio de la resiliencia humana y la capacidad de superar adversidades, al tiempo que ofrecen un rayo de esperanza en medio de la adversidad.

Hay numerosos ejemplos de festividades que celebran la resiliencia y la esperanza. Por ejemplo, el Día de San Juan en Suecia y Finlandia, que marca el solsticio de verano, es una festividad que celebra la luz y el renacimiento. Las hogueras encendidas durante esta festividad simbolizan la superación de la oscuridad y la llegada de días más largos y luminosos.

Otro ejemplo es el Día de los Muertos en México, una festividad que honra a los seres queridos fallecidos. Aunque puede parecer sombría a primera vista, esta celebración es en realidad un tributo a la vida y una forma de mantener viva la memoria de quienes ya no están. La esperanza y la conexión con el más allá son aspectos centrales de esta festividad.

La magia de la esperanza en las festividades radica en su capacidad para infundir optimismo, superar momentos difíciles y celebrar la resiliencia humana. Estas celebraciones nos recuerdan la importancia de mantener la esperanza incluso en tiempos difíciles y nos inspiran a creer en un futuro mejor. Las festividades actúan como faros de luz que iluminan nuestras vidas y nos llenan de esperanza, recordándonos que la alegría y la renovación siempre son posibles.

La celebración de las festividades en todo el mundo es un testimonio de la diversidad cultural y de cómo las comunidades de diferentes regiones y tradiciones encuentran formas únicas de expresar su alegría y gratitud. A lo largo y ancho del planeta, las festividades se celebran de diversas maneras, cada una de ellas enriquecida por su propia historia, creencias y costumbres

Las festividades son momentos en los que las comunidades de todo el mundo se reúnen para celebrar lo que les es más querido. A menudo, estas celebraciones siguen tradiciones profundamente arraigadas y rituales que se han transmitido de generación en generación. Sin embargo, lo que hace que las festividades sean aún más emocionantes y memorables son las festividades únicas que desafían las expectativas y nos dejan boquiabiertos

En algún lugar del mundo, en este preciso instante, es probable que se esté celebrando una fiesta. No una fiesta cualquiera, sino una de aquellas celebraciones que provocan fruncir el ceño, levantar las cejas y, casi inevitablemente, sacar una sonrisa. Porque, ¿quién podría resistirse a una buena dosis de lo inesperado y lo hilarante?

Desde el amanecer hasta la medianoche, desde la primavera hasta el invierno, este planeta está en constante estado de celebración. En este libro, exploraremos las fiestas más increíbles, extrañas, extravagantes y, en ocasiones, incomprensibles del mundo, aquellas que te hacen preguntarte: "¿Pero ¿quién pudo haber inventado esto, y por qué?". Te advertimos: prepárate para dejar atrás tus preconcepciones, abrir tu mente y sumergirte en un mar de tradiciones increíblemente insólitas.

Pueden ser fiestas que desafían la gravedad, como la de los quesos rodantes en Inglaterra, o batallas campales de alimentos, como La Tomatina en España, donde los tomates son armas y la calle un inmenso campo de batalla. Tal vez te intriguen los desfiles de pingüinos en Estados Unidos, o los concursos de transporte de esposas en Finlandia. Y, por supuesto, no olvidemos el Día de los Muertos en México, una vibrante y profunda celebración de la vida en medio de calabazas y altares.

Viajaremos a través de continentes, cruzaremos mares y nos adentraremos en la esencia de culturas que a primera vista podrían parecer completamente ajenas a las nuestras.

A lo largo del camino, descubriremos que, aunque las formas de celebración pueden variar enormemente, hay una alegría común y universal en estas fiestas. En ellas, encontraremos la risa, la camaradería y, en ocasiones, el simple placer del absurdo.

Este libro es tanto un viaje como un homenaje. Un viaje por las diversas formas en que la humanidad ha encontrado para celebrar, para reír y para sorprender. Un homenaje a nuestra increíble capacidad de crear alegría y diversión a partir de lo cotidiano y lo extraordinario. Así que te invitamos a unirte a nosotros en este festivo viaje global, a sumergirte en las páginas de este libro y a descubrir las fascinantes formas en que el mundo celebra la vida.

La riqueza cultural y la creatividad de las festividades

Las festividades son una ventana a la riqueza cultural y la creatividad humanas. A menudo, estas celebraciones únicas desafían las convenciones y nos sumergen en un mundo de tradiciones y rituales que pueden parecer extravagantes a primera vista, pero que en realidad son una expresión profunda de la identidad y la historia de una comunidad. A medida que exploramos estas festividades, descubrimos la riqueza cultural y la creatividad que se esconde detrás de ellas.

Cada festividad insólita tiene raíces históricas y culturales que a menudo se remontan a siglos atrás. Estas celebraciones pueden estar vinculadas a eventos históricos, leyendas locales o creencias ancestrales. Por ejemplo, el Carnaval de Ivrea en Italia, con su batalla de naranjas, se inspira en una revuelta popular del siglo XII. Esta festividad no solo es una oportunidad para la diversión y la camaradería, sino que también rinde homenaje a la valentía de los ciudadanos que lucharon por sus derechos.

La creatividad es un elemento central en las festividades. Los participantes y organizadores de estas celebraciones a menudo se esfuerzan por superar los límites de la imaginación. Desde la construcción de enormes esculturas de hielo en el Festival del Hielo y la Nieve de Harbin en China hasta la elaboración de coloridas silletas en la Feria de las Flores en Medellín, Colombia, estas festividades son un escaparate de habilidades artísticas y artesanales excepcionales.

Las festividades son una forma importante de fortalecer los lazos entre los miembros de una comunidad y preservar su identidad local. Durante estas celebraciones, las personas trabajan juntas en la preparación y ejecución de rituales y actividades, lo que crea un sentido de pertenencia y unidad. Además, estas festividades a menudo destacan aspectos únicos de la cultura local que pueden ser pasados de generación en generación.

Para los viajeros y visitantes, las festividades son una oportunidad para explorar y sumergirse en una cultura y un entorno completamente nuevos. Estas celebraciones ofrecen una visión auténtica de la vida y la creatividad de una comunidad, y a menudo son una experiencia inolvidable que deja una impresión duradera.

Las festividades son tesoros culturales que nos permiten descubrir la riqueza de la diversidad cultural y la creatividad humana. A través de estas celebraciones, podemos apreciar la importancia de la historia, la comunidad y la creatividad en la forma en que celebramos lo que valoramos. Al explorar las festividades, nos sumergimos en un mundo de sorpresas, maravillas y conexiones culturales que enriquecen nuestras vidas y amplían nuestra comprensión del mundo que nos rodea.

Las festividades y las tradiciones regionales son como ventanas abiertas a la diversidad cultural de nuestro mundo. Cada una de ellas es un vínculo con el pasado, una expresión de identidad y una manifestación del ingenio humano. Al explorar estas festividades, descubrimos la riqueza y la complejidad de las culturas que las celebran.

En un rincón del mundo, podemos encontrar una celebración que rinde homenaje a la cosecha, agradeciendo a la tierra por sus frutos. En otro lugar, podemos encontrarnos en medio de una batalla de tomates que simboliza la liberación de tensiones y el disfrute de la vida. O quizás, nos sumergimos en una fiesta de colores que celebra la llegada de la primavera y la victoria del bien sobre el mal.

Cada una de estas festividades es una obra maestra cultural en sí misma, con sus propios rituales, simbolismo y significados profundos. Son testigos de la creatividad y el ingenio de las comunidades que las mantienen vivas a lo largo de las generaciones. Desde la música y el baile hasta la comida y las vestimentas tradicionales, estas festividades encapsulan la esencia misma de sus respectivas culturas.

Pero más allá de la singularidad de cada festividad, todas comparten un propósito común: reunir a las personas, crear lazos entre comunidades y transmitir la historia y los valores de una sociedad. Son momentos en los que las diferencias se disuelven, y la humanidad se une en la celebración de la vida, la naturaleza y la creatividad.

Exploraremos un mundo de festividades y tradiciones, cada una con su propia historia y significado. A medida que viajemos por estas celebraciones , descubriremos la diversidad que enriquece nuestro mundo y nos conecta con la maravilla del espíritu humano.

Festividades de Occidente

Las festividades de Occidente son un reflejo de las tradiciones y los valores que han dado forma a esta parte del mundo. Cada una de estas celebraciones lleva consigo un significado especial y la oportunidad de conectarse con la historia y la cultura de Occidente. En este apartado, exploraremos cuatro de las festividades más emblemáticas de Occidente y sus significados profundamente arraigados.

Navidad: La festividad de la luz

La Navidad es una de las festividades más celebradas y esperadas en Occidente. Esta festividad, que tiene sus raíces en el cristianismo, conmemora el nacimiento de Jesucristo. Sin embargo, la Navidad también ha evolucionado para convertirse en una celebración secular que destaca valores universales como el amor, la generosidad y la esperanza. Una de las características más notables de la Navidad es la iluminación, que simboliza la luz de Cristo y la esperanza que trae al mundo. Las luces brillantes en los árboles de Navidad y las calles iluminadas crean una atmósfera cálida y acogedora que une a las familias y comunidades en esta festividad.

Pascua: Renacimiento y esperanza

La Pascua es otra festividad cristiana que se celebra en Occidente. Conmemora la resurrección de Jesucristo y representa el renacimiento y la esperanza. Uno de los símbolos más reconocibles de la Pascua es el huevo, que representa la vida nueva. La tradición de buscar huevos de Pascua es una actividad alegre que involucra a niños y adultos por igual. Además, la Pascua es un momento para la reflexión espiritual y la unidad familiar, ya que las personas se reúnen para celebrar y compartir comidas festivas.

Acción de Gracias: Gratitud y unión familiar

El Día de Acción de Gracias es una festividad profundamente arraigada en la cultura de Estados Unidos y Canadá. Se celebra como un día para expresar gratitud por las bendiciones del año y compartir una comida festiva con la familia y amigos. Los valores de gratitud y unidad familiar son el núcleo de esta festividad. Tradicionalmente, se agradece por la cosecha y la prosperidad, pero también se celebra el espíritu de compartir y ayudar a los menos afortunados.

Halloween: El lado misterioso y divertido de la vida

Halloween es una festividad que combina elementos de diversión, misterio y creatividad. Originada en las tradiciones celtas, Halloween se ha convertido en una celebración en la que las personas se disfrazan, tallan calabazas y disfrutan de golosinas. Aunque se asocia comúnmente con la oscuridad y lo macabro,

Halloween es, en su esencia, una festividad llena de alegría y creatividad. Los disfraces permiten a las personas expresar su creatividad, mientras que el espíritu de la festividad es la diversión y el juego.

Las festividades de Occidente son un testimonio de los valores y las tradiciones que han sido fundamentales en esta región. Ya sea celebrando la luz y la esperanza en Navidad, el renacimiento en Pascua, la gratitud y la unión familiar en Acción de Gracias o la diversión y la creatividad en Halloween, estas festividades son momentos para reflexionar, conectar con los seres queridos y celebrar lo que es verdaderamente importante en la vida. Cada una de estas festividades enriquece la cultura de Occidente y ofrece una oportunidad para renovar nuestros lazos con la tradición y los valores que compartimos.

Festividades en Asia:

Asia es un continente diverso y multicultural que alberga una gran variedad de festividades, cada una con su propia riqueza cultural y significado. Estas celebraciones reflejan la historia, la espiritualidad y las tradiciones de las diversas culturas de Asia. En este apartado, exploraremos cuatro festividades destacadas en Asia y sus aspectos más significativos.

Año Nuevo Chino: Tradición y superstición

El Año Nuevo Chino, también conocido como el Festival de la Primavera, es una de las festividades más importantes en Asia y en todo el mundo. Esta festividad se celebra de acuerdo con el calendario lunar y marca el inicio de un nuevo año en el horóscopo chino, que se rige por animales del zodíaco y elementos. El Año Nuevo Chino está lleno de tradiciones significativas, como la limpieza de las casas para alejar a los espíritus malignos, las reuniones familiares, la entrega de sobres rojos con dinero para la buena suerte y la preparación de platos tradicionales. Los desfiles de dragones y leones, así como los fuegos artificiales, son una parte integral de la celebración. El Año Nuevo Chino es una festividad que mezcla la tradición con la superstición y une a las familias en un espíritu de renovación y esperanza.

Diwali: La Fiesta de las luces en la India

Diwali, también conocido como el Festival de las Luces, es una de las festividades más importantes en la India y en comunidades hindúes de todo el mundo. Esta celebración marca la victoria del bien sobre el mal y la luz sobre la oscuridad. Durante Diwali, las casas y los templos se iluminan con lámparas de aceite y velas, creando un resplandor mágico. La decoración de rangoli en el suelo, las oraciones en los templos y el intercambio de regalos y dulces son partes esenciales de la festividad. Diwali es un momento para la reflexión espiritual, la gratitud y la unidad familiar, y es una festividad que transmite esperanza y renovación.

Songkran: El Año Nuevo Tailandés y la diversión acuática

Songkran es la festividad del Año Nuevo Tailandés y se celebra con gran entusiasmo en Tailandia y en otros países de la región. Una de las características más destacadas de Songkran es la diversión acuática, donde las personas se lanzan agua entre sí como símbolo de purificación y buena fortuna. La festividad también incluye visitas a templos, ofrendas a los ancianos y la limpieza de hogares y comunidades. Songkran es una festividad que celebra la renovación y la esperanza, y es un momento de alegría y unidad.

Chuseok: La Celebración de la cosecha en Corea

Chuseok, también conocido como el Día de Acción de Gracias coreano, es una festividad que celebra la cosecha y agradece por los frutos del trabajo agrícola. Durante Chuseok, las familias se reúnen para realizar ceremonias ancestrales, visitar las tumbas de sus antepasados y compartir comidas tradicionales. Uno de los aspectos más emblemáticos de Chuseok es la danza Ganggangsullae, en la que las mujeres forman un círculo y cantan y danzan juntas bajo la luz de la luna. Chuseok es un momento para honrar las raíces culturales y expresar gratitud por la abundancia.

Estas festividades en Asia reflejan la diversidad y la riqueza de la cultura y las tradiciones de la región. Cada una de ellas tiene su propio significado profundo y une a las comunidades en la celebración de la espiritualidad, la gratitud y la renovación. A través de estas festividades, las personas de Asia y de todo el mundo pueden apreciar la belleza y la profundidad de la cultura asiática y encontrar inspiración en las tradiciones que dan forma a sus vidas.

Festividades en África

África es un continente diverso y rico en cultura, y sus festividades reflejan la diversidad de tradiciones, religiones y valores que se encuentran en la región. A continuación, exploraremos tres festividades significativas en África y sus aspectos más destacados.

Festival de la Máscara: Celebrando la cultura y el arte

El Festival de la Máscara es una festividad que se celebra en diversas partes de África, y su enfoque principal es la celebración de la cultura y el arte africanos. Durante este festival, las comunidades se reúnen para exhibir máscaras tradicionales, danzar y contar historias a través de la música y la representación teatral. Las máscaras son un elemento esencial en muchas culturas africanas y se utilizan en ceremonias rituales y festividades para conectarse con lo divino, los antepasados y la naturaleza. El Festival de la Máscara es una oportunidad para preservar y promover estas expresiones culturales únicas y transmitirlas a las generaciones futuras.

Eid al-Fitr: La festividad del Ramadán

Eid al-Fitr, también conocido como el "Festival de la Ruptura del Ayuno", es una festividad musulmana que marca el final del mes sagrado del Ramadán. Durante el Ramadán, los musulmanes ayunan desde el amanecer hasta el atardecer como un acto de devoción y purificación espiritual. Eid al-Fitr es una celebración de alegría y gratitud en la que las familias se reúnen, comparten comidas festivas y realizan actos de caridad. También es un momento para vestirse con ropa nueva y visitar a amigos y familiares. Esta festividad es un recordatorio de la importancia de la fe, la solidaridad y la generosidad en la vida de los musulmanes de África y de todo el mundo.

Kwanzaa: Un tributo a la herencia africana en América

Kwanzaa es una festividad que se celebra principalmente en la comunidad afroamericana de los Estados Unidos. Fue creada en 1966 por el profesor de estudios africanos y afroamericanos, Maulana Karenga. Kwanzaa se celebra durante siete días, desde el 26 de diciembre hasta el 1 de enero, y está diseñada para honrar y promover los valores africanos y afroamericanos, como la unidad, la autodeterminación, la cooperación y la creatividad. Cada día de Kwanzaa se dedica a un principio específico y se enciende una vela en la kinara (candelabro) de siete brazos. Las familias se reúnen para reflexionar sobre estos principios y compartir comidas y regalos. Kwanzaa es un tributo a la herencia africana en América y una oportunidad para fortalecer los lazos familiares y comunitarios.

Estas festividades en África y en la diáspora africana son un testimonio de la diversidad cultural y la riqueza de la herencia africana. Cada una de ellas tiene su propio significado profundo y une a las comunidades en la celebración de la cultura, la religión y los valores que son fundamentales en la vida de las personas. A través de estas festividades, se fortalecen los lazos culturales y se promueve la preservación y la apreciación de las tradiciones únicas de África y de la diáspora africana.

Celebraciones en América Latina

América Latina es una región vibrante y diversa que celebra una serie de festividades únicas que reflejan su rica historia y cultura. A continuación, exploraremos cuatro de las festividades más icónicas de América Latina y sus significados profundos.

Día de los Muertos: Honrando a los seres queridos fallecidos

El Día de los Muertos, celebrado en México y otros países de América Latina, es una festividad que honra a los seres queridos que han fallecido. Aunque puede parecer melancólica, esta festividad es en realidad una celebración alegre de la vida y la muerte. Durante el Día de los Muertos, las familias crean ofrendas con alimentos, flores, velas y objetos personales en los altares de sus seres queridos difuntos. Estos altares son un tributo a la memoria de los fallecidos y un medio para mantener vivo su espíritu. La festividad también incluye desfiles, música y danzas tradicionales. El Día de los Muertos es una oportunidad para reflexionar sobre la vida y la muerte, y para celebrar la continuidad de la memoria y la herencia de los antepasados.

Carnaval: La fiesta de la música, el baile y el color

El Carnaval es una de las festividades más emocionantes y coloridas de América Latina. Se celebra en muchos países, pero es especialmente famoso en lugares como Brasil y Trinidad y Tobago. El Carnaval es un período de exuberante celebración que culmina en desfiles masivos llenos de música, baile y disfraces extravagantes. Los desfiles de Carnaval son un espectáculo de creatividad y cultura, donde las escuelas de samba en Río de Janeiro y las bandas de calypso en Trinidad compiten para impresionar a la audiencia. Esta festividad es una oportunidad para que las personas se liberen, se expresen y celebren la diversidad cultural de América Latina.

Las Posadas: La preparación para la Navidad en México

Las Posadas es una festividad que se celebra en México y en algunas otras partes de América Latina durante los nueve días previos a la Navidad. La festividad representa el viaje de María y José en busca de un refugio antes del nacimiento de Jesús. Durante Las Posadas, se recrea este viaje a través de procesiones en las que las personas llevan imágenes de la Virgen María y José. Se cantan villancicos y se realizan representaciones teatrales que culminan en la apertura de una casa donde se celebra una fiesta con comida y bebida. Esta festividad es una expresión de fe y comunidad, donde las familias y vecinos se unen para prepararse espiritualmente para la Navidad.

Inti Raymi: El renacimiento del sol en los Andes

Inti Raymi es una festividad que se celebra en los Andes, especialmente en Perú, como una forma de rendir homenaje al dios sol, Inti. La festividad se lleva a cabo en el solsticio de invierno y marca el inicio del año nuevo en el calendario inca. Durante Inti Raymi, se realizan ceremonias rituales en las que se agradece al sol por su luz y energía. Las festividades incluyen danzas tradicionales, música y procesiones. Inti Raymi es una festividad que conecta a las personas con la naturaleza y la espiritualidad, y es una celebración del renacimiento y la renovación.

Estas festividades en América Latina son una manifestación de la riqueza cultural y espiritual de la región. Cada una de ellas tiene sus propios rituales y significados profundos, y todas ellas reflejan la importancia de la comunidad, la tradición y la conexión con la naturaleza en la vida de las personas de América Latina.

Festividades en Medio Oriente

Medio Oriente es una región rica en historia, cultura y espiritualidad, y sus festividades reflejan estas profundas tradiciones. A continuación, exploraremos tres festividades significativas en Medio Oriente y sus significados espirituales y culturales.

Hanukkah: La festividad de las luces en el judaísmo

Hanukkah, también conocida como la "Fiesta de las Luces" o la "Dedicación", es una festividad judía que se celebra durante ocho días. Esta festividad conmemora la victoria de los macabeos sobre los sirios y la rededicación del Segundo Templo en Jerusalén. Uno de los aspectos más emblemáticos de Hanukkah es el candelabro de nueve brazos llamado "januquiá", en el que se encienden una vela adicional cada noche. La festividad también incluye la tradición de comer alimentos fritos en aceite, como las famosas donas de jalea. Hanukkah es una celebración de la resistencia, la libertad y la esperanza, y es una oportunidad para unir a las familias y recordar la importancia de la fe y la perseverancia.

Ramadán: El mes sagrado de ayuno y reflexión

Ramadán es el noveno mes del calendario islámico y es considerado el mes más sagrado para los musulmanes. Durante el mes de Ramadán, los musulmanes de todo el mundo ayunan desde el amanecer hasta el atardecer, lo que significa abstenerse de comer, beber y realizar otros actos de indulgencia. El ayuno de Ramadán es una forma de purificación espiritual, autocontrol y solidaridad con los menos afortunados. Además del ayuno, los musulmanes aprovechan este mes para leer el Corán, orar y reflexionar sobre su fe. Ramadán culmina en la festividad de Eid al-Fitr, que marca el final del ayuno y es un momento de alegría, generosidad y unidad familiar.

Nowruz: El Año Nuevo Persa y la celebración de la primavera

Nowruz, que significa "nuevo día", es la festividad del Año Nuevo persa y se celebra en muchos países de Medio Oriente y Asia Central. Nowruz marca el primer día de la primavera y es una festividad llena de simbolismo y tradiciones. La festividad incluye la limpieza y la decoración de las casas, la preparación de platos tradicionales y la visita de amigos y familiares. Uno de los elementos más característicos de Nowruz es la "mesa de Haft-Seen", una mesa decorada con siete objetos que comienzan con la letra "S" en persa y que simbolizan la renovación y la prosperidad. Nowruz es una festividad que celebra la naturaleza, la renovación y la esperanza en el futuro.

Estas festividades en Medio Oriente son una manifestación de la riqueza religiosa y cultural de la región. Cada una de ellas tiene sus propias prácticas y significados profundos, y todas reflejan la importancia de la espiritualidad, la comunidad y la reflexión en la vida de las personas de Medio Oriente.

Festividades en Oceanía

Oceanía es una región diversa y vasta que abarca miles de islas y culturas. Las festividades en Oceanía reflejan la relación profunda que muchas de estas comunidades tienen con la naturaleza y la diversidad cultural. A continuación, exploraremos dos festividades significativas en Oceanía y sus aspectos más destacados.

Matariki: El Año Nuevo Maorí y la observación de las Pléyades

Matariki es una festividad importante para el pueblo maorí de Nueva Zelanda y algunas otras regiones del Pacífico. Esta festividad marca el comienzo del año nuevo maorí y está vinculada a la observación de las Pléyades, un grupo de estrellas que aparecen en el cielo antes del amanecer. Matariki es un momento para reflexionar sobre el pasado y el futuro, así como para celebrar la cosecha y dar gracias por la abundancia. Durante esta festividad, las familias se reúnen para compartir comidas tradicionales, canciones y danzas. Matariki es una oportunidad para conectarse con la naturaleza y las raíces culturales maoríes.

Carnaval de Sídney: Celebrando la viversidad en Australia

El Carnaval de Sídney es uno de los eventos más destacados de Australia y una celebración de la diversidad cultural en el país. Aunque no es exclusivamente una festividad oceánica, refleja la multiculturalidad de la ciudad y el país. El Carnaval de Sídney es un despliegue de música, baile y color que atrae a personas de todas las edades y orígenes culturales. Uno de los momentos más destacados es el desfile Mardi Gras, que celebra la diversidad LGBTQ+ y la igualdad. Esta festividad es una muestra de cómo Australia abraza y celebra su diversidad cultural y la comunidad LGBTQ+.

Estas festividades en Oceanía son un testimonio de la riqueza cultural y la diversidad de la región. Cada una de ellas tiene sus propios rituales y significados profundos, y todas reflejan la importancia de la naturaleza, la comunidad y la diversidad cultural en la vida de las personas en Oceanía.

Celebraciones en Europa

Europa es un continente rico en historia y cultura, y sus festividades reflejan la diversidad de tradiciones y valores que se encuentran en la región. A continuación, exploraremos tres de las festividades más emblemáticas de Europa y sus aspectos más destacados.

Fiesta de San Juan: El Solsticio de Verano en Escandinavia

La Fiesta de San Juan, también conocida como la Noche de San Juan, se celebra en Escandinavia y otros países europeos durante el solsticio de verano, generalmente el 23 de junio. Esta festividad tiene sus raíces en antiguas tradiciones paganas que celebraban la luz y la fertilidad en el punto más alto del verano. En la Fiesta de San Juan, las personas encienden hogueras, saltan sobre ellas y participan en rituales para alejar a los malos espíritus y recibir la protección de San Juan Bautista. La festividad está llena de música, baile y comida tradicional, y es una oportunidad para disfrutar del aire libre y la naturaleza en la noche más corta del año. La Fiesta de San Juan es una celebración de la luz y la vida, y une a las comunidades en la celebración de la naturaleza y la tradición.

Oktoberfest: La Celebración de la cerveza en Alemania

El Oktoberfest es la festividad de la cerveza más grande del mundo y se celebra en Múnich, Alemania, durante las últimas semanas de septiembre y principios de octubre. Esta festividad es famosa por su ambiente festivo y la degustación de una variedad de cervezas alemanas. El Oktoberfest cuenta con numerosos pabellones de cerveza, música en vivo, juegos y atracciones. Los visitantes de todo el mundo se reúnen para disfrutar de la cerveza, la comida tradicional alemana, como el pretzel y las salchichas, y la música folclórica. El Oktoberfest es una celebración de la cultura cervecera alemana y la camaradería, y es una experiencia única para aquellos que buscan sumergirse en la cultura alemana.

Semana Santa en España: Procesiones y tradiciones religiosas

La Semana Santa en España es una festividad profundamente arraigada en la tradición religiosa y cultural del país. Se celebra durante la semana que precede al Domingo de Resurrección y conmemora la pasión, muerte y resurrección de Jesucristo. Durante esta semana, las ciudades y pueblos de toda España organizan procesiones religiosas, en las que las cofradías llevan imágenes religiosas a través de las calles. Estas procesiones suelen ser acompañadas por música solemne y espectáculos pirotécnicos. La Semana Santa en España es una oportunidad para la reflexión espiritual y la participación en las tradiciones religiosas, así como una ocasión para reunirse con familiares y amigos. Las celebraciones son conocidas por su fervor religioso y su impresionante belleza visual.

Estas festividades en Europa son una muestra de la diversidad cultural y la riqueza de la tradición en el continente. Cada una de ellas tiene sus propios rituales y significados profundos, y todas reflejan la importancia de la cultura, la tradición y la celebración en la vida de las personas en Europa.

Festividades en Norteamérica

Norteamérica es una región rica en diversidad cultural y tradiciones, y sus festividades reflejan la historia y la identidad de sus países. A continuación, exploraremos tres festividades destacadas en Norteamérica y sus significados culturales y históricos.

Día de Acción de Gracias en los Estados Unidos

El Día de Acción de Gracias es una de las festividades más emblemáticas en los Estados Unidos y se celebra el cuarto jueves de noviembre. Esta festividad tiene sus raíces en la tradición de los colonos europeos que llegaron a América en el siglo XVII y compartieron una cena con los nativos americanos para dar gracias por la cosecha. El Día de Acción de Gracias es una oportunidad para que las familias y amigos se reúnan para compartir una comida abundante que generalmente incluye pavo, salsa de arándanos, puré de papas, relleno y pastel de calabaza. La festividad también incluye desfiles, fútbol americano y actividades solidarias, como la distribución de comidas a personas necesitadas. El Día de Acción de Gracias es una celebración de la gratitud, la unidad familiar y la generosidad.

Canada Day: La fiesta nacional canadiense

Canada Day, o Día de Canadá, se celebra el 1 de julio y conmemora la creación de la Confederación de Canadá en 1867. Es la fiesta nacional de Canadá y un día para celebrar la identidad y la unidad del país. Las festividades incluyen desfiles, conciertos, fuegos artificiales y eventos comunitarios en todo Canadá. Muchas personas visten ropa roja y blanca, los colores de la bandera canadiense, y participan en actividades al aire libre, como barbacoas y juegos. Canada Day es una ocasión para celebrar la diversidad cultural y la herencia canadiense, así como para reflexionar sobre los valores de paz, libertad y igualdad que definen a Canadá.

Juneteenth: Celebrando la emancipación en los Estados Unidos

Juneteenth, que es una contracción de "June" (junio) y "nineteenth" (diecinueve), se celebra el 19 de junio en los Estados Unidos. Esta festividad conmemora la emancipación de los esclavos africanos en Texas en 1865, más de dos años después de que se promulgara la Proclamación de Emancipación. Juneteenth es un día para reflexionar sobre la historia de la esclavitud y la lucha por la igualdad racial en los Estados Unidos. Las festividades incluyen desfiles, música, danzas, comida tradicional y actividades educativas que promueven la comprensión y la unidad. En 2021, Juneteenth se convirtió en un feriado federal en los Estados Unidos, lo que destaca su importancia en la lucha por los derechos civiles y la igualdad.

Estas festividades en Norteamérica son un testimonio de la historia, la diversidad cultural y los valores fundamentales de gratitud, unidad y emancipación que son importantes para las personas en la región. Cada una de ellas tiene sus propios rituales y significados profundos, y todas reflejan la importancia de la cultura, la historia y la celebración en la vida de las personas en Norteamérica.

Diversidad de las festividades del mundo

En nuestro viaje por el fascinante mundo de las festividades, nos encontramos con una riqueza de tradiciones que abarcan desde lo antiguo hasta lo contemporáneo, desde lo espiritual hasta lo festivo y desde lo emocionante hasta lo reflexivo. Cada festividad es un capítulo único en el libro de la cultura humana, una expresión de la identidad y los valores de la comunidad que la celebra.

A medida que exploramos este vasto universo de festividades, nos damos cuenta de que estas celebraciones pueden agruparse en diversas categorías, cada una de las cuales revela una faceta única de la creatividad humana y la diversidad cultural. Algunas festividades se centran en la relación con los animales, mientras que otras giran en torno a la comida y la bebida, creando banquetes de sabores y tradiciones compartidas. También encontramos festividades que son un despliegue de disfraces y máscaras, donde las personas se transforman en seres misteriosos y extravagantes.

La naturaleza, en su esplendor y misterio, es una fuente constante de inspiración para muchas festividades. A través de rituales y ceremonias, algunas festividades se conectan profundamente con la tierra y sus ciclos, celebrando su belleza y vitalidad. Al mismo tiempo, algunas festividades se desvían hacia lo insólito, desafiando la lógica y desencadenando supersticiones y mitos arraigados.

Otras festividades llevan la emoción al extremo, con deportes y actividades audaces que ponen a prueba el coraje y la destreza de los participantes. Mientras tanto, el arte y la creatividad desempeñan un papel destacado en festividades que son una explosión de color, música, danza y expresión personal.

Sin embargo, algunas festividades están en peligro de extinción debido a la evolución de la sociedad y las cambiantes dinámicas culturales. Estas festividades, a pesar de su vulnerabilidad, son testigos de la necesidad humana de preservar las tradiciones y la memoria de tiempos pasados.

En este viaje a través de las festividades del mundo, exploraremos estas diversas categorías, cada una de las cuales nos llevará a un rincón diferente de la experiencia humana. A través de estas categorías, descubriremos cómo las festividades no solo son celebraciones de la vida, sino también reflejos de la historia, la cultura y la creatividad que enriquecen nuestro mundo.

Festividades con animales

Las festividades con animales son una categoría de celebraciones que honran y celebran la vida animal en todas sus formas. Estos eventos, que ocurren en todo el mundo, demuestran el aprecio que las comunidades tienen por los animales, ya sea por su papel en la historia, la cultura o simplemente por su existencia en nuestro mundo. A lo largo de los siglos, los seres humanos han mantenido vínculos especiales con diversas especies animales, y estas festividades son una manera de reconocer y fortalecer esos lazos.

Las festividades con animales tienen raíces profundas en la historia de muchas culturas. Algunas festividades pueden haber surgido como rituales antiguos de agradecimiento a los animales por su contribución a la supervivencia humana, como la caza o la agricultura. Otras pueden tener un origen religioso o mitológico, donde los animales se consideran sagrados o divinos.

Las festividades con animales abarcan una amplia variedad de formas y tradiciones. Algunas festividades involucran desfiles y procesiones de animales, donde estos son ataviados con trajes especiales y llevados por las calles en un acto de celebración. Otras pueden incluir competencias y juegos que destacan las habilidades de los animales, como carreras de caballos, competencias de perros pastores o incluso concursos de belleza para mascotas.

Las festividades con animales son una demostración de cómo los seres humanos han compartido un vínculo especial con las diversas criaturas que comparten nuestro planeta. A través de estas celebraciones, celebramos la belleza, la diversidad y la importancia de la vida animal en todas sus formas. Además, nos brindan la oportunidad de reflexionar sobre la necesidad de cuidar y proteger a los animales en un mundo en constante cambio. En última instancia, estas festividades nos recuerdan que compartimos este planeta con una asombrosa variedad de seres vivos y que debemos apreciar y respetar su presencia en nuestras vidas y en la naturaleza que los rodea.

La carrera de perros salchicha de Budaörs, Hungría: Un evento de velocidad y diversión canina

En el hermoso país de Hungría, cada año tiene lugar un evento que atrae a amantes de los perros y entusiastas de las festividades de todo el mundo. Se trata de la Carrera de Perros Salchicha de Budaörs, una festividad única que celebra a los adorables dachshunds, conocidos cariñosamente como "perros salchicha" debido a su peculiar forma alargada.

La Carrera de Perros Salchicha de Budaörs es un evento que comenzó como una celebración local y se ha convertido en una atracción internacional. Aunque sus orígenes no están completamente claros, se cree que la tradición de criar y correr perros salchicha en la región se remonta a muchos años atrás, cuando estos perros pequeños y valientes se utilizaban para cazar en madrigueras.

La carrera es el momento culminante de esta festividad, y los participantes no son solo los dueños de los perros, sino también los propios perros salchicha. Los pequeños caninos se agrupan en categorías según su edad y tamaño, y se colocan en una pista especialmente diseñada para la carrera. Lo que sigue es una explosión de energía y diversión a medida que los dachshunds corren hacia la meta con patas cortas y cuerpo alargado.

La carrera de los perros es una festividad que atrae a personas de todas las edades. Las familias acuden en masa para disfrutar de la competencia y pasar un día al aire libre con sus mascotas. Además de la carrera en sí, el evento suele incluir actividades para niños, puestos de comida y stands de venta de artículos relacionados con perros, lo que lo convierte en una experiencia festiva completa.

Esta festividad no solo es una oportunidad para que los dachshunds muestren su velocidad y agilidad, sino también un homenaje a estos adorables perros. Los propietarios a menudo visten a sus mascotas con trajes especiales y decoran la pista con elementos temáticos relacionados con los perros salchicha.

La Carrera de Perros Salchicha de Budaörs es un evento que promueve la unión y la camaradería entre amantes de los perros y la comunidad local. Es una oportunidad para que las personas se reúnan, compartan historias sobre sus queridas mascotas y celebren la diversidad de personalidades y características únicas de los perros salchicha.

La carrera de perros salchicha de Budaörs, Hungría, es un evento que combina la emoción de la competencia canina con la alegría de la comunidad y la celebración de una raza de perro querida en todo el mundo. Es un día de diversión, risas y amor por los perros, que demuestra cómo las festividades pueden honrar a nuestras mascotas y brindarnos momentos inolvidables de alegría y conexión. Si alguna vez tienes la oportunidad de presenciar esta carrera única, seguramente experimentarás la emoción y la ternura que la hacen tan especial.

La fiesta de los gatos en Ypres, Bélgica: Un homenaje a los felinos en tierras Belgas

En la encantadora ciudad de Ypres, ubicada en Bélgica, se celebra anualmente un evento que captura la atención de los amantes de los gatos y los aficionados a las festividades por igual: la Fiesta de los Gatos. Este festival, que combina la veneración por los felinos con una serie de eventos y actividades alegres, se ha convertido en un hito en el calendario de la ciudad y es una celebración única de todo lo relacionado con los gatos.

Aunque no se sabe con certeza cuándo comenzó la tradición de la Fiesta de los Gatos en Ypres, se cree que tiene sus raíces en la antigua historia de la ciudad. Ypres, con su impresionante arquitectura medieval y su rico patrimonio cultural, es un lugar que valora profundamente su historia. La relación de la ciudad con los gatos puede haber comenzado hace siglos, y la festividad actual es una forma de honrar y celebrar esta conexión.

La Fiesta de los Gatos en Ypres es un evento que atrae a personas de todas partes que vienen a disfrutar de un día lleno de actividades relacionadas con los gatos. Uno de los aspectos más destacados de la festividad es el desfile de gatos, donde los dueños llevan a sus adorables felinos vestidos con trajes elaborados y los pasean por las calles. Esta procesión de gatos es una delicia para los espectadores y una oportunidad para que los dueños muestren la belleza y personalidad de sus mascotas.

Además del desfile, la Fiesta de los Gatos ofrece una amplia variedad de actividades relacionadas con los gatos. Esto puede incluir concursos de belleza felina, demostraciones de habilidades, exhibiciones de arte inspirado en gatos y más. También hay puestos de comida, música en vivo y actividades para niños, lo que hace que la festividad sea adecuada para personas de todas las edades.

Lo que hace que la Fiesta de los Gatos sea tan especial es la sensación de comunidad que se experimenta allí. Los amantes de los gatos de todas partes se reúnen para compartir historias, consejos y su amor por estos animales. La festividad une a las personas en torno a su aprecio mutuo por los felinos y crea un ambiente cálido y acogedor.

La Fiesta de los Gatos en Ypres, Bélgica, es un evento que combina la veneración por los gatos con la diversión y la camaradería. Es una celebración de la belleza, la gracia y la singularidad de estos animales que han ocupado un lugar especial en los corazones de las personas durante siglos. La festividad demuestra cómo una simple conexión con los animales puede convertirse en una tradición querida y un momento de alegría compartida en la comunidad. Si alguna vez tienes la oportunidad de visitar Ypres durante la Fiesta de los Gatos, sin duda te encontrarás inmerso en un mundo de amor y admiración por los felinos.

El Festival de Lucha de Camellos: Un desfile de jorobas en Turquía

En las vastas y hermosas tierras de Turquía, un evento único y emocionante atrae a multitudes de lugareños y visitantes cada año: el Festival de Lucha de Camellos. Esta festividad es un homenaje a la majestuosidad y la fuerza de estos animales icónicos y ofrece una visión fascinante de la cultura y las tradiciones turcas.

Los camellos, conocidos por sus jorobas y su capacidad de resistencia en climas áridos, desempeñan un papel importante en la historia y la vida cotidiana de muchas regiones de Turquía. Además de su utilidad como animales de carga y transporte, los camellos son apreciados por su presencia majestuosa y su elegante porte.

Aunque los detalles precisos sobre los orígenes del Festival de Lucha de Camellos son un tanto difusos, se cree que la tradición se remonta a siglos atrás, cuando los camellos se utilizaban para trabajos agrícolas y de transporte en la región. La festividad se convirtió en una forma de celebrar la fuerza y la vitalidad de estos animales y de fomentar la camaradería entre sus dueños y la comunidad en general.

El punto culminante del Festival de Lucha de Camellos es, sin duda, la emocionante competencia de lucha entre camellos machos. Durante estas luchas, dos camellos se enfrentan en un ring especialmente preparado, y sus dueños los alientan a luchar entre sí. Las luchas de camellos no involucran daño físico, ya que los animales están protegidos por almohadillas en sus patas y cabezas, y los propietarios intervienen rápidamente para separar a los contendientes en caso de necesidad.

Además de las luchas de camellos, el festival ofrece una variedad de actividades y entretenimiento cultural. Los asistentes pueden disfrutar de música tradicional, danzas folclóricas y delicias culinarias locales. También es una oportunidad para que los miembros de la comunidad se reúnan, compartan historias y celebren la presencia de los camellos en sus vidas.

El Festival de Lucha de Camellos es un homenaje a la estrecha relación entre los seres humanos y estos majestuosos animales. Más allá de su utilidad práctica, los camellos desempeñan un papel cultural significativo en Turquía y en otras partes del mundo. Esta festividad es una forma de celebrar su importancia y su impacto en la vida de las comunidades locales.

El Festival de Lucha de Camellos en Turquía ofrece a los asistentes la oportunidad de adentrarse en el fascinante mundo de estos animales únicos. Es una celebración de su poder, su belleza y su papel en la cultura y la tradición turcas. Además, el festival es una muestra de cómo las festividades pueden enriquecer nuestras vidas al permitirnos explorar y apreciar aspectos únicos de la naturaleza y la relación entre los seres humanos y los animales. Si alguna vez tienes la oportunidad de presenciar este evento en persona, seguramente experimentarás la emoción y la maravilla de un desfile de jorobas en pleno esplendor.

Festividades de comida

Las festividades de comida y bebida son un homenaje a la riqueza y la diversidad de la gastronomía en todo el mundo. Estos eventos, que se celebran en diferentes culturas y regiones, ofrecen una oportunidad única para explorar los sabores, las tradiciones culinarias y el sentido de comunidad que la comida y la bebida pueden inspirar.

La comida y la bebida desempeñan un papel fundamental en la identidad cultural de una comunidad. Cada plato, bebida y receta cuenta una historia sobre la historia, el entorno y las tradiciones de un lugar. Las festividades de comida y bebida permiten a las personas reunirse para compartir y celebrar estos aspectos de su herencia cultural.

Las festividades de comida y bebida abarcan una amplia variedad de eventos y celebraciones. Algunas de estas festividades se centran en la degustación de platos tradicionales, mientras que otras destacan la elaboración de alimentos, la competencia culinaria y la creatividad en la cocina. Además, muchas de estas celebraciones también incluyen bebidas tradicionales, que pueden ser alcohólicas o no, y que a menudo son una parte integral de la experiencia.

Las festividades de comida y bebida son un recordatorio de la riqueza de la gastronomía en todo el mundo y de cómo la comida puede ser una poderosa fuerza unificadora. A través de estas celebraciones, las personas pueden explorar nuevos sabores, aprender sobre las tradiciones culinarias de otras culturas y disfrutar de momentos de deleite sensorial. Además, estas festividades fomentan la unión y el intercambio cultural a medida que las personas comparten comidas y bebidas con amigos y extraños por igual. En última instancia, las festividades de comida y bebida nos invitan a celebrar y apreciar la belleza y la diversidad del mundo a través de los sentidos del gusto y el olfato.

La Tomatina: Un baño de salsa en España

El olor a tomate maduro se mezcla con el calor del verano, impregnando las calles del pequeño pueblo de Buñol, en Valencia, España. Es el último miércoles de agosto y la emoción se cierne en el aire con un palpable entusiasmo. Miles de personas, locales y turistas por igual, se congregan en la plaza principal del pueblo, esperando ansiosamente el comienzo de la batalla más jugosa del mundo: La Tomatina.

El origen de esta peculiar tradición, como suele suceder con las grandes historias, fue bastante inofensiva. En 1945, durante la celebración de la Fiesta Mayor de Buñol, un grupo de jóvenes intentó unirse a la música y el desfile, causando tal alboroto que terminaron derribando uno de los participantes. En medio del caos, la multitud enfadada comenzó a lanzar tomates de un puesto de verduras cercano hasta que la policía puso fin al altercado. Al año siguiente, los jóvenes repitieron el incidente, pero esta vez trajeron sus propios tomates. Con el paso de los años, lo que empezó como una simple revuelta juvenil se transformó en una de las fiestas más locas y reconocidas del mundo.

Imagina la escena: un camión cargado con más de 100 toneladas de tomates maduros entra en la plaza. A medida que se descarga su contenido, la multitud entra en un frenesí. Y entonces, con el disparo de un cañón de agua, comienza la batalla. Durante la siguiente hora, los tomates vuelan por el aire en un caótico espectáculo de rojo brillante. No hay reglas, salvo una: los tomates deben aplastarse antes de lanzarlos para evitar lesiones.

El suelo se convierte en una pulpa resbaladiza, las risas y los gritos de excitación se mezclan con el chapoteo del tomate. Las personas se sumergen, arrojan, esquivan y ríen. Es un carnaval de liberación, una oportunidad para soltar inhibiciones y participar en un juego donde todos son ganadores.

A pesar de su aparente caos, La Tomatina tiene un final ordenado. Una vez que suena el segundo disparo del cañón, la batalla de tomates termina. Los bomberos locales aparecen con sus mangueras, limpiando las calles y enjuagando a los participantes hasta que todo vuelve a su habitual tranquilidad. El aroma a tomate persiste, recordatorio de la batalla que acaba de ocurrir.

La Tomatina es una oda a la diversión pura y simple, un recordatorio de que a veces, las mejores celebraciones pueden surgir de los actos más insólitos.

El festival del queso rodante: Locura inclinada en Inglaterra

En la pendiente empinada de Cooper's Hill, se celebra una de las tradiciones más antiguas y desconcertantes de Gran Bretaña: el Cooper's Hill Cheese-Rolling and Wake. Sí, has oído bien. Es un festival que gira en torno a la persecución frenética de un queso rodante.

Esta peculiar competencia tiene sus raíces en el siglo XV. Aunque su origen exacto se ha perdido con el pasar del tiempo, las leyendas y los cuentos populares abundan. Algunos dicen que era un rito de fertilidad pagano, otros sostienen que era una tradición de la comunidad para proteger los derechos de pastoreo. Independientemente de cómo comenzó, esta tradición ha resistido la prueba del tiempo, atrayendo a valientes competidores y curiosos espectadores de todo el mundo.

Imagínate a ti mismo en la cima de la colina, con el viento soplando en tu rostro y la adrenalina fluyendo a través de tus venas. Delante de ti, una pendiente de 200 metros parece mucho más empinada desde esta perspectiva. Luego, el maestro de ceremonias aparece con un queso Double Gloucester de 3 kg. Lo pone en marcha colina abajo y, de repente, todos empiezan a correr.

Las personas no corren, en realidad más bien caen, rodando y tropezando en una carrera desenfrenada para atrapar al queso. No hay reglas, salvo la más obvia: el primero que cruce la línea de meta al pie de la colina gana el queso.

Las contusiones, los esguinces y las caídas son comunes, pero eso increíblemente no disuade a los competidores. Al contrario, añade emoción y gloria a la carrera. Porque, después de todo, ¿cuántas personas pueden decir que han perseguido un queso colina abajo en el corazón de la campiña inglesa?

La noche de los rábanos: Creatividad efímera en México

La Noche de los Rábanos. Aunque puede sonar peculiar, esta festividad convierte a un humilde vegetal en una verdadera obra de arte.

La Noche de los Rábanos se celebra cada año el 23 de diciembre. Esta tradición comenzó en el mercado de Oaxaca a finales del siglo XIX cuando los vendedores de verduras empezaron a tallar figuras en rábanos para atraer a los compradores. Con el tiempo, este ingenioso truco de marketing evolucionó en una competición de tallado de rábanos completa y formalizada.

Imagina la plaza principal de Oaxaca, iluminada por luces de colores y llena de vendedores y visitantes. Se pueden ver rábanos por todas partes, pero estos no son rábanos ordinarios. Estos vegetales han sido cuidadosamente cultivados durante meses para alcanzar tamaños gigantescos, algunos llegando a pesar hasta 3 kilos. Y luego, se han transformado en impresionantes esculturas a través del arte y la habilidad de los artistas locales.

Las creaciones de rábanos tallados varían desde escenas de la natividad y representaciones de leyendas aztecas hasta escenas de la vida cotidiana en Oaxaca. Las figuras talladas son detalladas y vívidas, a veces parecen cobrar vida bajo la brillante iluminación de la plaza. Los espectadores se pasean admirando cada una de las esculturas, asombrados por la creatividad y la habilidad que se exhibe.

La Noche de los Rábanos es efímera. Las esculturas de rábanos solo duran un par de horas antes de que empiecen a marchitarse. Pero esta temporalidad es parte de su encanto, recordándonos que la belleza y la celebración pueden encontrarse en los lugares más inesperados y ser tan fugaces como un rábano tallado.

La Batalla de las Naranjas: Un combate jugoso en Italia

En las pintorescas calles de Ivrea, una pequeña ciudad ubicada en el norte de Italia, tiene lugar una de las festividades más inusuales y emocionantes del país: la Batalla de la Naranja. Esta festividad es un homenaje a la historia, la valentía y, por supuesto, a la modesta naranja, que se convierte en el arma principal en una batalla que atrae a miles de visitantes de todo el mundo.

Los orígenes de la Batalla de la Naranja se remontan a siglos atrás, y su historia está relacionada con el tiránico poder de un conde local y la rebelión de sus súbditos. La leyenda cuenta que una joven lanzó una olla de sopa hirviendo sobre el conde, lo que desencadenó una revuelta popular. Desde entonces, la festividad conmemora este acto heroico.

El evento principal de la festividad es la batalla de naranjas, que tiene lugar en las calles históricas de Ivrea. Miles de personas, divididas en equipos, se enfrentan arrojándose naranjas con entusiasmo. Los participantes se visten con trajes históricos, desde campesinos hasta nobles, y se protegen con cascos y gafas de seguridad, ya que la intensidad de la batalla puede ser alta.

La naranja es el arma simbólica de la festividad y se convierte en el proyectil de elección en esta batalla inusual. Se utilizan toneladas de naranjas, que son arrojadas de manera efectiva y estratégica por los participantes. A pesar de la diversión y el caos aparentes, existe un conjunto de reglas y una estructura que rige la batalla para mantenerla segura.

La Batalla de la Naranja no es solo una festividad para los locales, sino que atrae a visitantes de todo el mundo que desean ser parte de esta experiencia única. La festividad no se limita a la batalla en sí; también incluye desfiles, música, danzas y eventos culturales que enriquecen la experiencia de los asistentes.

La Batalla de la Naranja en Ivrea, Italia, es un homenaje a la resistencia de un pueblo ante la opresión y una celebración de la comunidad que se ha forjado a lo largo de los años. Es una festividad que demuestra cómo la historia puede convertirse en una experiencia viva y participativa. Además, es un recordatorio de cómo algo tan simple como una naranja puede unir a las personas y llevar alegría a sus vidas. Si alguna vez tienes la oportunidad de asistir a esta festividad única, te encontrarás inmerso en una batalla épica de naranjas y en la historia y el espíritu de Ivrea.

El Festival del Chocolate en Óbidos, Portugal: Donde los sueños se vuelven chocolate

En las encantadoras calles medievales de Óbidos, Portugal, cada año tiene lugar un evento delicioso y mágico que atrae a amantes del chocolate de todo el mundo: el Festival del Chocolate. Este festival, que combina la pasión por el chocolate con la belleza de la ciudad y su historia, es una celebración única de la dulce delicia del cacao.

Óbidos, con su arquitectura medieval y su ambiente encantador, proporciona el escenario perfecto para el Festival del Chocolate. Sus calles adoquinadas y sus edificios históricos crean un ambiente mágico que se mezcla a la perfección con la decadencia y la indulgencia del chocolate.

El Festival del Chocolate en Óbidos comenzó como una iniciativa para promover el turismo en la ciudad y se ha convertido en uno de los eventos más esperados del año. Desde sus humildes comienzos, el festival ha crecido en tamaño y prestigio, atrayendo a chocolateros, chefs y amantes del chocolate de todo el mundo.

El festival ofrece a los visitantes una experiencia multisensorial que va más allá de la degustación de chocolate. Los asistentes pueden disfrutar de esculturas de chocolate impresionantes, demostraciones de elaboración de chocolate en vivo y exhibiciones que destacan la historia y la cultura del cacao. Además, hay puestos de comida y bebida que ofrecen una amplia variedad de delicias de chocolate, desde trufas hasta crepes y cócteles de chocolate.

Una de las características más destacadas del Festival del Chocolate es la participación activa de los visitantes. Los asistentes pueden unirse a talleres de elaboración de chocolate, donde aprenden a hacer sus propios dulces y pralinés bajo la guía de expertos chocolateros. Esto brinda a las personas la oportunidad de sumergirse en el proceso creativo detrás de los productos de chocolate y llevar a casa sus creaciones únicas.

El Festival del Chocolate en Óbidos, Portugal, es un homenaje al chocolate y a la creatividad de los chocolateros. Es una celebración de la dulzura y la indulgencia que el cacao puede ofrecer, así como una oportunidad para aprender sobre la historia y la tradición que rodean a esta deliciosa delicia. Además, el festival es una muestra de cómo un evento puede unir a las personas de diferentes culturas y antecedentes en torno a una pasión compartida por el chocolate. Si alguna vez tienes la oportunidad de asistir a este evento, estarás inmerso en un mundo de sueños hechos de chocolate donde la magia y el sabor se unen de manera inolvidable.

La competencia de comida picante en Ibarra, Ecuador: Un desafío de sabores y coraje

En la pintoresca ciudad de Ibarra, ubicada en la región andina de Ecuador, tiene lugar un evento culinario único que pone a prueba el coraje y el paladar de los amantes de la comida picante: la Competencia de Comida Picante. Este emocionante festival es una celebración de la audacia gastronómica y una muestra del amor de la comunidad ecuatoriana por los sabores intensos y picantes.

La Competencia de Comida Picante en Ibarra se ha convertido en un evento anual esperado con entusiasmo, pero sus inicios fueron modestos. Comenzó como una reunión de amigos que compartían su pasión por los alimentos picantes y se desafiaban mutuamente a probar platos cada vez más calientes. Con el tiempo, el evento creció y se formalizó en una competencia culinaria abierta al público.

La competencia destaca la diversidad de sabores picantes en la gastronomía ecuatoriana. Los participantes preparan platos que van desde salsas y adobos hasta platos principales con carne y mariscos, todos con un enfoque en el uso de ingredientes picantes como ajíes y chiles. Los chefs locales compiten para demostrar su destreza culinaria y su capacidad para equilibrar el calor con el sabor.

Los competidores y los asistentes a la competencia deben estar preparados para enfrentar un desafío ardiente. Los platos son juzgados no solo por su sabor, sino también por su nivel de picante. Los jueces, a menudo chefs experimentados y amantes del picante, evalúan la intensidad y la calidad del sabor picante de cada plato. Los concursantes que pueden equilibrar el calor con la deliciosa combinación de sabores suelen recibir elogios y reconocimiento.

El evento no se trata solo de la competencia culinaria, sino también de la comunidad y la camaradería. Los asistentes pueden disfrutar de música en vivo, danzas folclóricas y actividades para toda la familia. Además, se promueve la interacción entre los participantes y los visitantes, lo que crea un ambiente festivo y amigable.

La Competencia de Comida Picante en Ibarra, Ecuador, es un homenaje a la pasión de la comunidad por los sabores picantes y al coraje de aquellos que se atreven a probar platos cada vez más calientes. Es una celebración de la diversidad culinaria ecuatoriana y una oportunidad para compartir la emoción de los sabores intensos. Además, el evento destaca cómo la comida puede unir a las personas y crear un sentido de comunidad en torno a una pasión compartida por el picante. Si alguna vez tienes la oportunidad de participar en esta competencia o de asistir como espectador, estarás en un viaje culinario que desafiará tus papilas gustativas y te brindará una experiencia inolvidable de sabor .

Festividades de disfraces y máscaras

Las festividades de disfraces y máscaras tienen un encanto único que atrae a personas de todas las edades y culturas. Estas celebraciones permiten a los participantes sumergirse en un mundo de creatividad, misterio y diversión a través de la transformación de sus identidades. En este capítulo, exploraremos la fascinante historia y significado detrás de estas festividades sin igual.

Una de las características más emocionantes de las festividades de disfraces y máscaras es la oportunidad de transformarse en alguien o algo completamente diferente. Los participantes se sumergen en la piel de personajes ficticios, criaturas mitológicas o incluso figuras históricas, liberando su creatividad y expresión personal en el proceso. Esta transformación permite a las personas escapar de la rutina diaria y experimentar una nueva perspectiva de la vida.

Las máscaras y los disfraces también otorgan un poderoso sentido de anonimato. Al ocultar sus rostros detrás de máscaras elaboradas o disfraces ingeniosos, los participantes pueden sentirse libres de expresarse sin inhibiciones. Esta sensación de misterio y desconexión de la identidad cotidiana agrega un elemento emocionante a las festividades y fomenta la liberación de las inhibiciones.

Muchas festividades de disfraces y máscaras tienen raíces históricas profundas. Desde los elaborados trajes venecianos del Carnaval de Venecia hasta las festividades de diablos y monstruos en varias culturas, estas tradiciones a menudo se remontan a siglos atrás. Cada festividad tiene su propio conjunto de rituales y simbolismo que reflejan la cultura y la historia de la comunidad que la celebra.

Estas festividades a menudo promueven la inclusión y la aceptación de la diversidad. En un mundo donde las diferencias a veces pueden dividir, los eventos de disfraces y máscaras alientan a las personas a abrazar la singularidad de cada individuo. La diversidad de personajes y disfraces refuerza el mensaje de que todos son bienvenidos a participar, sin importar su origen o identidad.

Las festividades de disfraces y máscaras son una manifestación de la creatividad humana en su máxima expresión. Los participantes invierten tiempo y esfuerzo en la confección de disfraces, creación de máscaras y planificación de atuendos que deslumbran y asombran a quienes los rodean. Estas creaciones se convierten en obras maestras efímeras que adornan las calles y plazas durante la festividad.

En última instancia, las festividades de disfraces y máscaras celebran la imaginación y la capacidad de la humanidad para escapar de la realidad, al menos por un tiempo. Son recordatorios de que la vida está llena de sorpresas y maravillas, y que a veces es necesario dejar atrás la rutina para explorar mundos nuevos y emocionantes.

A medida que exploramos las festividades de disfraces y máscaras en las próximas páginas, nos sumergiremos en la magia de la transformación y la creatividad. Descubriremos cómo estas celebraciones se han convertido en una parte esencial de la cultura y cómo continúan inspirando asombro y admiración en personas de todo el mundo.

La Marcha de los Pingüinos: Disfraces y diversión en Estados Unidos

Esta peculiar festividad es parte del famoso Carnaval de Mardi Gras, y es una de las tantas "marchas" o "desfiles" que caracterizan la festividad. En lugar de los tradicionales carros alegóricos y bandas de música, en la Marcha de los Pingüinos, los protagonistas son los ciudadanos disfrazados de estos adorables animales del Polo Sur.

La Marcha de los Pingüinos comenzó como un acto de desafío y humor por parte de un grupo de amigos en los años 70 y ha crecido hasta convertirse en un evento anual que atrae a visitantes de todo el mundo. Los participantes se visten con trajes de pingüino hechos a mano, algunos sorprendentemente detallados y realistas, mientras otros son simplemente graciosos y extravagantes. No hay reglas ni límites para la creatividad: puedes ver a pingüinos con sombreros de copa, tutús, capas de superhéroes, e incluso trajes inspirados en personajes famosos.

El desfile recorre las calles del Barrio Francés, al ritmo de la música jazz y blues que resuena desde los bares y restaurantes. Los "pingüinos" bailan, se pavonean y se deslizan, imitando las graciosas andanzas de sus contrapartes del Polo Sur, mientras el público ríe y aplaude. Al final del desfile, los pingüinos se reúnen en el "Iceberg Lounge", un bar local, para un merecido descanso y un brindis por la exitosa marcha.

La Marcha de los Pingüinos es una celebración del espíritu lúdico y la creatividad que caracteriza a Mardi Gras y a Nueva Orleans. Es una oda a la alegría de disfrazarse y asumir un personaje, un escape de las responsabilidades y restricciones de la vida cotidiana. Y aunque puede parecer absurdo ver a un grupo de adultos disfrazados de pingüinos bailando en las calles, eso es precisamente lo que lo hace tan especial. En la Marcha de los Pingüinos, todos son bienvenidos para dejar de lado sus inhibiciones, ponerse un disfraz y unirse a la diversión. Porque, al final del día, ¿quién no quisiera ser un pingüino por un día?

Carnaval de Venecia, en Italia

El Carnaval de Venecia, en Italia, es una de las festividades más icónicas y fascinantes del mundo. Con sus raíces que se remontan al siglo XI, esta celebración es un ejemplo extraordinario de la tradición y la creatividad italianas. A lo largo de los años, el Carnaval de Venecia ha cautivado a personas de todo el mundo con su elegancia, sus máscaras elaboradas y su ambiente único. Exploraremos la historia, la importancia cultural y la magia detrás de este evento extraordinario.

El Carnaval de Venecia tiene una rica historia que se remonta al siglo XI. Durante sus primeras décadas, era una festividad asociada con la nobleza veneciana, donde los aristócratas disfrutaban de actividades de entretenimiento y bailes en la Plaza de San Marcos. A medida que el tiempo pasó, el Carnaval evolucionó y se convirtió en una celebración más abierta, que atrajo a personas de todas las clases sociales.

Una de las características más distintivas del Carnaval de Venecia son las máscaras y los disfraces elaborados que los participantes utilizan. Las máscaras, que varían desde las clásicas máscaras de Venecia, como la "Bauta" y la "Moretta", hasta creaciones únicas y extravagantes, permiten a las personas ocultar sus identidades y sumergirse en la atmósfera misteriosa del Carnaval. Los disfraces suelen ser igualmente impresionantes, con vestimenta que evoca la elegancia y la opulencia de épocas pasadas.

Dos de los eventos más destacados del Carnaval de Venecia son el "Vuelo del Ángel" y el "Concurso de Máscaras". El Vuelo del Ángel involucra a una valiente persona que desciende desde el Campanario de San Marcos con un arnés y un disfraz de ángel. El Concurso de Máscaras premia a los participantes por sus disfraces más impresionantes y creativos, lo que genera una competencia feroz y exhibiciones deslumbrantes de moda y diseño.

El Carnaval de Venecia está lleno de música, baile y entretenimiento en cada esquina de la ciudad. Las calles de Venecia se llenan de artistas callejeros, músicos, mimos y actores que crean un ambiente vibrante y festivo. Los visitantes y lugareños se unen en bailes improvisados en plazas y puentes, lo que convierte a la ciudad en un escenario de celebración continua.

La tradición de usar máscaras en el Carnaval de Venecia tiene raíces históricas. Durante siglos, las máscaras permitieron a las personas de diferentes clases sociales mezclarse y disfrutar de una libertad relativa durante la festividad. Las máscaras también simbolizaban una especie de igualdad, ya que ocultaban la identidad y el estatus social de quienes las llevaban puestas.

Hoy en día, el Carnaval de Venecia sigue atrayendo a visitantes de todo el mundo. Si bien ha evolucionado con los tiempos, la esencia de la festividad sigue siendo la misma: la celebración de la creatividad, la tradición y la diversión. A pesar de los desafíos modernos, como el aumento del turismo y la necesidad de preservar la autenticidad cultural, el Carnaval de Venecia continúa siendo una joya cultural y un testimonio de la rica herencia italiana.

El Carnaval de Venecia es mucho más que una festividad; es una experiencia única que combina historia, tradición, elegancia y creatividad en un evento que atrae a personas de todo el mundo.

Festival del Diablo de Almonacid del Marquesado, en España

El Festival del Diablo de Almonacid del Marquesado, en España, es una festividad única y sorprendente que se celebra en la provincia de Cuenca. A diferencia de otras festividades en las que se honra a figuras celestiales o santos, esta celebración se centra en el Diablo, personaje que desempeña un papel central en la cultura y la tradición de la región.

El Festival del Diablo tiene sus raíces en la antigua leyenda de un enfrentamiento entre el Arcángel San Miguel y el Diablo en la que este último fue derrotado y condenado a vagar por la localidad de Almonacid del Marquesado. Aunque la leyenda puede ser vista como una representación de la lucha entre el bien y el mal, la festividad ha evolucionado de una manera que celebra la figura del Diablo de una manera única y no necesariamente malévola.

Uno de los aspectos más llamativos de esta festividad son los "Diablos", personas que se visten con trajes llamativos y coloridos que representan al Diablo. Estos trajes suelen incluir máscaras y trajes adornados con cintas y cascabeles. Los Diablos llevan consigo horcas y garrotes, que utilizan para hacer ruido y asustar a los espectadores.

La Danza de los Diablos es una parte central de la festividad. Los Diablos danzan en las calles de Almonacid del Marquesado al son de la música tradicional y los tambores. Esta danza es enérgica y llena de movimientos acrobáticos, y los Diablos interactúan con el público mientras ejecutan sus coreografías.

Una parte destacada del Festival del Diablo es la "Batalla de Flores", en la que los Diablos arrojan flores al público. Esta colorida y alegre tradición es un contraste notable con la imagen tradicionalmente malévola del Diablo y muestra cómo la festividad ha evolucionado para incluir elementos de celebración y alegría.

El Festival del Diablo es una festividad que involucra activamente a la comunidad local. Los residentes de Almonacid del Marquesado participan como Diablos, músicos o espectadores, y se unen en la celebración de su rica herencia cultural. La festividad promueve la unidad y el sentido de comunidad en el pueblo.

Aunque el Festival del Diablo es una festividad única y vibrante, también enfrenta desafíos para su preservación. La necesidad de equilibrar la autenticidad cultural con las demandas modernas, como el turismo, puede ser un reto. Sin embargo, la comunidad de Almonacid del Marquesado está comprometida en mantener viva esta festividad y transmitirla a las generaciones futuras.

El Festival del Diablo de Almonacid del Marquesado es una celebración única en España que rinde homenaje a la figura del Diablo de una manera peculiar y festiva. A través de sus Diablos, danzas, música y la participación activa de la comunidad, esta festividad ofrece una visión fascinante de cómo la tradición puede evolucionar y adaptarse mientras celebra su rica herencia cultural.

El desfile de los Krampus: Cuando la oscuridad se encuentra con la tradición

El Desfile de los Krampus es una festividad única y sorprendente que se celebra en varias regiones de Europa, particularmente en Austria, Baviera, y partes de Eslovenia y Croacia. Aunque en muchos lugares el espíritu navideño se asocia con la alegría y la generosidad, el Desfile de los Krampus introduce un elemento oscuro y misterioso en las celebraciones de la temporada.

Los Krampus son criaturas de la mitología alpina que se consideran compañeros del San Nicolás tradicional. Mientras que San Nicolás premia a los niños buenos con regalos y golosinas, los Krampus son conocidos por castigar a los niños desobedientes y traviesos. Estas figuras demoníacas suelen tener cuernos, colmillos afilados y se cubren con pieles y cadenas, creando una imagen aterradora.

El Desfile de los Krampus se lleva a cabo el 5 de diciembre, conocido como "Krampusnacht" (Noche de Krampus), la noche antes del Día de San Nicolás en muchos lugares. Durante esta festividad, los Krampus salen a las calles en hordas, persiguiendo a los espectadores y asustando a niños y adultos por igual. A menudo, llevan consigo campanas que suenan ominosamente mientras se acercan.

A pesar de su apariencia aterradora, el Desfile de los Krampus suele ser una experiencia controlada y segura. Los participantes, que a menudo son voluntarios locales, llevan trajes elaborados y máscaras detalladas que les permiten adoptar el papel de Krampus. Aunque el objetivo es asustar a la gente, el evento es en gran medida una representación teatral en lugar de una amenaza real.

El Desfile de los Krampus es una festividad que combina elementos de tradición, folclore y teatralidad. Aunque puede parecer extraño para los espectadores no familiarizados con la cultura alpina, la festividad tiene profundas raíces en la historia y la mitología de la región. Se considera una manera de recordar a la comunidad sobre la importancia de la bondad y el respeto a la autoridad, especialmente para los niños.

En los últimos años, el Desfile de los Krampus ha ganado popularidad y atrae a turistas de todo el mundo. A pesar de las apariencias, la festividad es en gran medida una celebración y una forma de mantener viva una tradición cultural rica. A medida que la festividad evoluciona, se ha vuelto más inclusiva y accesible para los visitantes, permitiéndoles experimentar la singularidad y la intensidad de la celebración.

El Desfile de los Krampus es una festividad extraordinaria que desafía las expectativas tradicionales de la temporada navideña. Con sus figuras demoníacas, su atmósfera de misterio y su profundo arraigo en la mitología alpina, esta festividad es un ejemplo intrigante de cómo la cultura y la tradición pueden tomar formas diversas y sorprendentes.

Festividades telacionadas con la naturaleza

Las festividades relacionadas con la naturaleza son una expresión profunda de la conexión entre la humanidad y el mundo natural que nos rodea. Estas celebraciones honran la relación entre el hombre y la naturaleza, agradecen los dones de la tierra y celebran la belleza y la vitalidad de nuestro entorno. En este capítulo, exploraremos algunas de las festividades más fascinantes que tienen lugar en todo el mundo en honor a la naturaleza.

Muchas festividades relacionadas con la naturaleza están vinculadas al ciclo de la vida y la muerte. Celebraciones como el Festival de los Farolillos de Pingxi en Taiwán o el Festival de la Lluvia de Peces en Yoro, Honduras, conmemoran la renovación y la regeneración de la naturaleza. Estas festividades reflejan la creencia en la constante renovación de la vida y la importancia de mantener un equilibrio armonioso con el entorno natural.

En muchas culturas, la tierra se considera una madre que proporciona sustento y vida. Las festividades relacionadas con la naturaleza, como la Danza de los Espíritus en Papúa Nueva Guinea, rinden homenaje a la tierra y agradecen por sus dones. Estas celebraciones a menudo incluyen rituales que simbolizan la fertilidad y la abundancia de la tierra, como la siembra de semillas o la ofrenda de alimentos.

Algunas festividades están centradas en la adoración de elementos naturales específicos, como el sol, la luna o el agua. El Broyeong Mud Festival en Corea del Sur, por ejemplo, celebra la sanación y purificación a través del barro, un elemento natural que se cree tiene propiedades curativas. Estas festividades muestran cómo los elementos naturales desempeñan un papel fundamental en la vida y la espiritualidad de las comunidades.

En un mundo cada vez más consciente de los desafíos ambientales, muchas festividades relacionadas con la naturaleza han evolucionado para incluir mensajes de sostenibilidad y conservación. Los organizadores de festivales como el Festival de los Farolillos de Pingxi en Taiwán están trabajando para minimizar su impacto ambiental y educar al público sobre la importancia de cuidar el planeta.

Las festividades relacionadas con la naturaleza también son una fuente constante de inspiración para el arte, la música y la creatividad. Los colores vibrantes de las flores en el Festival de Holi en la India, por ejemplo, han influido en la moda y el diseño en todo el mundo. La belleza de la naturaleza se refleja en la estética y la expresión cultural de estas festividades.

En última instancia, las festividades relacionadas con la naturaleza nos recuerdan nuestra dependencia de la tierra y la importancia de preservarla para las generaciones futuras. Estas celebraciones son un llamado a la acción para cuidar y proteger nuestro entorno natural y para vivir en armonía con la naturaleza.

A medida que exploramos las festividades relacionadas con la naturaleza en las próximas páginas, nos sumergiremos en la belleza y la profundidad de la relación entre el hombre y la naturaleza. Descubriremos cómo estas festividades celebran la tierra, el agua, el sol y la luna, y nos inspiran a apreciar y preservar nuestro maravilloso mundo natural.

La Danza de los Espíritus en Papúa Nueva Guinea: Un encuentro con lo sobrenatural

Esta festividad involucra danzas tradicionales que honran a los espíritus de la naturaleza. Los participantes creen que a través de estas danzas pueden comunicarse con los espíritus y garantizar la armonía en su entorno. La Danza de los Espíritus en Papúa Nueva Guinea es una festividad cultural y espiritual que ofrece una visión fascinante de la relación entre las comunidades indígenas y el mundo de los espíritus.

Papúa Nueva Guinea es conocida por su asombrosa diversidad cultural, con cientos de grupos étnicos diferentes que hablan sus propios idiomas y practican sus propias tradiciones. La Danza de los Espíritus es una de esas tradiciones únicas que se lleva a cabo en varias regiones del país, pero con variaciones significativas en cada una.

La creencia en los espíritus desempeña un papel fundamental en la cultura de muchas comunidades en Papúa Nueva Guinea. Estos espíritus se cree que habitan en la naturaleza, los elementos y los antepasados. La Danza de los Espíritus es una forma de honrar y comunicarse con estos seres sobrenaturales.

La Danza de los Espíritus involucra una serie de rituales y ceremonias. Los participantes, a veces vestidos con elaborados atuendos y máscaras hechas a mano, realizan danzas específicas que imitan a los espíritus. Estas danzas pueden ser enérgicas y altamente coreografiadas, y a menudo involucran el uso de tambores y otros instrumentos musicales tradicionales.

Uno de los propósitos principales de la Danza de los Espíritus es la sanación y la comunicación con los espíritus para buscar orientación y protección. Se cree que durante la danza, los participantes pueden entrar en un estado de trance que les permite conectarse con el mundo espiritual. Los líderes espirituales a menudo desempeñan un papel central en estos rituales, actuando como intermediarios entre los participantes y los espíritus.

A pesar de los cambios en la sociedad moderna y la influencia occidental, la Danza de los Espíritus sigue siendo una parte importante de la vida de muchas comunidades en Papúa Nueva Guinea. Los jóvenes son instruidos en la tradición por sus mayores, lo que asegura la continuidad de esta festividad única.

La Danza de los Espíritus en Papúa Nueva Guinea es un ejemplo impresionante de cómo las festividades pueden ser una ventana hacia la espiritualidad y la relación entre el ser humano y el mundo sobrenatural. Para las comunidades indígenas que practican esta tradición, es una parte esencial de su identidad cultural y espiritual, y un recordatorio constante de la importancia de honrar a los espíritus y mantener viva su rica herencia.

La Danza de los Espíritus en Papúa Nueva Guinea es una festividad que trasciende las fronteras de lo terrenal para conectarse con lo espiritual. A través de sus rituales, danzas y creencias profundas, ofrece a los participantes y a los observadores una visión única de una cultura rica y diversa.

El Festival de la Lluvia de Peces en Yoro, Honduras

En el pequeño pueblo de Yoro, en el corazón de Honduras, se lleva a cabo un evento extraordinario conocido como el Festival de la Lluvia de Peces. Este fenómeno combina elementos de la naturaleza, la espiritualidad y la comunidad, creando una festividad verdaderamente única que ha capturado la imaginación de quienes la presencian.

El Festival de la Lluvia de Peces se lleva a cabo cada año en la última semana de junio en Yoro. Lo que hace que este evento sea tan excepcional es la aparición de peces vivos que parecen caer del cielo durante una tormenta intensa. Aunque suena increíble, este fenómeno ha sido documentado durante más de un siglo y es una parte integral de la historia y la cultura de Yoro.

La Lluvia de Peces es vista por muchos habitantes de Yoro como un regalo divino y un milagro. Se cree que la festividad tiene sus raíces en la devoción religiosa, y muchos asocian la aparición de los peces con un acto de bondad de Dios. La festividad a menudo incluye procesiones religiosas y misas para dar gracias por este don inusual.

Aunque el evento puede parecer misterioso, los científicos han investigado la Lluvia de Peces y han encontrado una explicación plausible. Se cree que los peces provienen de ríos y cuerpos de agua cercanos, arrastrados por fuertes corrientes de viento durante las tormentas. Cuando la lluvia se calma, los peces caen al suelo, creando la ilusión de una lluvia de peces.

El Festival de la Lluvia de Peces es una celebración importante en Yoro y atrae a visitantes de todo el país y el mundo. Durante la festividad, las calles se llenan de coloridos desfiles, música en vivo y actividades culturales que reflejan la rica herencia de la región. Además de ser un evento espiritual, también es una oportunidad para que la comunidad se reúna y celebre su identidad única.

El Festival de la Lluvia de Peces ha contribuido significativamente a la promoción del turismo en Yoro y al reconocimiento internacional de la festividad. Los visitantes pueden disfrutar de la experiencia única de presenciar la lluvia de peces mientras participan en las festividades y aprenden sobre la cultura local.

El Festival de la Lluvia de Peces en Yoro es un ejemplo conmovedor de cómo la naturaleza puede asombrarnos y conectarnos con lo divino. Esta festividad combina elementos de espiritualidad, ciencia y comunidad para crear una experiencia que deja una impresión duradera en quienes la experimentan. Es un recordatorio de la belleza y la sorpresa que el mundo natural puede ofrecer, y cómo la cultura humana encuentra significado en esos momentos extraordinarios.

El Festival de los Cerezos en Flor en Japón:

En Japón, la llegada de la primavera se celebra de una manera especial y poética: el Festival de los Cerezos en Flor, conocido como "Hanami". Esta festividad es una de las más emblemáticas de Japón y se centra en la contemplación de la belleza efímera de los cerezos en flor.

Los cerezos, o "sakura" en japonés, tienen una significación especial en la cultura japonesa. Representan la fragilidad de la vida y la belleza efímera, ya que las flores de cerezo florecen durante solo unos pocos días antes de caer. Esta simbología ha influenciado profundamente la filosofía y el arte japoneses a lo largo de la historia.

La fecha exacta del Hanami varía de un año a otro , pero generalmente se lleva a cabo en marzo o abril. La gente espera con entusiasmo la predicción del "sakura zensen," que es el informe que anuncia la llegada de la floración de los cerezos en diferentes regiones del país. El momento ideal para el Hanami es cuando los árboles están en plena floración, creando un espectáculo de pétalos rosados y blancos que cubren los parques y las calles.

Durante el Hanami, las personas se reúnen en parques, jardines y espacios públicos debajo de los cerezos en flor para disfrutar de picnics y momentos de relajación. Los participantes se sientan en esteras especiales llamadas "tatami" y disfrutan de comidas tradicionales, bebidas y dulces mientras contemplan la belleza de los cerezos en flor. Es un momento de unión y camaradería en la naturaleza.

El Hanami va más allá de la simple contemplación de flores. Tiene un significado espiritual profundo en Japón. Representa la renovación y la esperanza, ya que las flores de cerezo brotan después de un invierno largo y frío. También simboliza la transitoriedad de la vida y la importancia de disfrutar cada momento.

El Hanami ha inspirado una amplia gama de expresiones culturales en Japón, desde poesía haiku hasta pintura y música. Las canciones y poemas sobre los cerezos en flor son abundantes en la tradición japonesa, y artistas han capturado la belleza de los sakura en innumerables obras de arte.

El Hanami es una festividad inclusiva que invita a personas de todas las edades y orígenes a participar. Tanto locales como visitantes disfrutan de esta celebración de la primavera, creando un ambiente de alegría y aprecio por la naturaleza.

El Festival de los Cerezos en Flor en Japón es un testimonio de cómo una festividad puede conectar a la gente con la naturaleza y la esencia de la vida. El Hanami nos recuerda la belleza efímera de cada estación y la importancia de apreciar cada momento, una lección valiosa que trasciende las fronteras culturales y geográficas.

Festividades insólitas

En cada rincón del mundo, existen festividades que desafían las expectativas y sumergen a los participantes en rituales extraños y misteriosos. Estas celebraciones, a menudo profundamente arraigadas en la historia y la cultura, ofrecen una visión única de la creatividad y la diversidad humanas. En este capítulo, nos aventuraremos en el mundo de las festividades de rituales extraños y descubriremos el significado detrás de estas tradiciones aparentemente insólitas.

Las festividades de rituales extraños son un testimonio de la rica diversidad cultural que enriquece nuestro planeta. A menudo, estas celebraciones reflejan las creencias, mitos y leyendas únicos de una comunidad en particular. A través de rituales aparentemente extraños, las personas honran su herencia cultural y preservan tradiciones que se han transmitido de generación en generación.

En muchas festividades de rituales extraños, la participación implica una transformación personal a través de rituales físicos o emocionales. Estos rituales pueden incluir desde la suspensión corporal hasta el uso de máscaras grotescas o vestimenta inusual. La creencia subyacente es que someterse a lo inusual o extraño puede llevar a la purificación, la renovación o el empoderamiento espiritual.

En algunas festividades, los rituales extraños pueden parecer desafiantes para las normas culturales o religiosas convencionales. Estas celebraciones a menudo desdibujan la línea entre lo sagrado y lo profano, desafiando las expectativas tradicionales y fomentando una experiencia espiritual única. Los participantes pueden sentirse más cerca de lo divino a través de la inmersión en lo desconocido.

Muchas festividades de rituales extraños tienen raíces en prácticas antiguas que se han mantenido durante siglos. Estos rituales a menudo se basan en mitos y leyendas que se remontan a tiempos prehistóricos. A medida que las culturas evolucionan, estas festividades se convierten en un vínculo vital entre el pasado y el presente.

Aunque puedan parecer extrañas desde el exterior, las festividades de rituales extraños a menudo tienen un valor intrínseco para las comunidades que las celebran. Pueden fomentar el coraje, la resistencia y la cohesión comunitaria. A través de la participación en rituales que desafían la norma, las personas pueden encontrar fuerza en la diversidad y la expresión individual.

A medida que exploramos las festividades de rituales extraños en las próximas páginas, nos sumergiremos en el mundo de lo inusual y lo extraordinario. Descubriremos cómo estas festividades se han convertido en un reflejo de las culturas y sociedades en las que florecen.

El Festival de las Cofradías de Oñati, España

El Festival de las Cofradías de Oñati es una festividad profundamente arraigada en la comunidad vasca de España. Esta celebración, también conocida como "Aste Santua," se lleva a cabo en la localidad de Oñati, en la provincia de Gipuzkoa, y es un evento que combina elementos de religión, cultura y tradición.

El Festival de las Cofradías de Oñati se enmarca en el calendario religioso católico y está vinculado a la celebración de la Semana Santa. Durante esta semana, se conmemora la pasión, muerte y resurrección de Jesucristo, y Oñati se sumerge en una serie de eventos religiosos y procesiones que involucran a la comunidad local.

El festival es una oportunidad para que las cofradías locales muestren su devoción y compromiso religioso. Las cofradías son organizaciones religiosas que tienen una larga historia en España y que desempeñan un papel importante en la preservación de la tradición católica. Durante el Festival de las Cofradías, cada cofradía realiza su propia procesión, con trajes tradicionales y estandartes que representan su identidad y compromiso.

Uno de los momentos culminantes del festival es la Procesión de Viernes Santo. En esta impresionante procesión, las imágenes religiosas, algunas de las cuales son obras de arte centenarias, son llevadas en andas por las calles de Oñati. Los miembros de las cofradías, vestidos con hábitos y capirotes coloridos, acompañan las imágenes mientras los tambores y las trompetas llenan el aire con música solemne.

Más allá de su dimensión religiosa, el Festival de las Cofradías también tiene un profundo significado cultural. Representa la herencia vasca y la importancia de preservar las tradiciones locales. Las festividades a menudo incluyen bailes tradicionales, música y actividades para niños, lo que crea un ambiente de celebración y comunidad.

Los habitantes de Oñati son conocidos por su hospitalidad y generosidad durante el festival. Los visitantes son bienvenidos a unirse a las festividades y a disfrutar de la comida y bebida tradicionales vascas en los bares y restaurantes locales.

El Festival de las Cofradías de Oñati es una manifestación de la profunda fe religiosa y la identidad cultural vasca. Combina la solemnidad de la Semana Santa con la alegría de la comunidad y la preservación de las costumbres locales. Es un recordatorio de cómo las festividades pueden servir como un faro de unidad, fe y tradición en el corazón de una comunidad.

El Día del Bastón de Caramelo de Berchtesgaden, Alemania

En el pintoresco pueblo bávaro de Berchtesgaden, Alemania, se celebra una festividad que deleita a los visitantes y locales por igual: el Día del Bastón de Caramelo, conocido como "Berchtesgadener Bergweihnacht." Esta festividad es una celebración mágica que combina la belleza de los Alpes bávaros con la dulzura de los tradicionales bastones de caramelo.

Berchtesgaden, ubicado en el sureste de Baviera, es conocido por su impresionante paisaje alpino, sus encantadoras casas de madera y su rica tradición cultural. Cada año, durante el Adviento, el pueblo se transforma en un escenario invernal de cuento de hadas, atrayendo a visitantes de todas partes.

El Día del Bastón de Caramelo tiene sus raíces en la tradición alemana de celebrar el Adviento. Los bastones de caramelo, conocidos como "Berchtesgadener Bergzuckerl," se han producido en la región durante más de 100 años. Originalmente, eran un regalo que los niños recibían durante la temporada navideña.

La festividad comienza a fines de noviembre y se extiende hasta la víspera de Navidad. Durante este tiempo, Berchtesgaden se ilumina con miles de luces y adornos festivos. Los mercados de Navidad llenan las plazas del pueblo, ofreciendo una amplia variedad de productos artesanales, desde decoraciones navideñas hasta deliciosos alimentos y bebidas tradicionales.

El punto culminante del Día del Bastón de Caramelo es el desfile que se lleva a cabo en el centro de Berchtesgaden. El desfile incluye a personajes y figuras vestidas con trajes tradicionales bávaros, músicos, y, por supuesto, una carroza que transporta enormes bastones de caramelo. Los niños locales a menudo participan en el desfile y distribuyen pequeños bastones de caramelo a lo largo de la ruta.

Los visitantes pueden disfrutar de la oportunidad de explorar la artesanía local, que incluye decoraciones navideñas hechas a mano, productos de panadería tradicionales y artículos de lana tejidos a mano. La festividad es un homenaje a la creatividad y la habilidad de los artesanos locales.

El Día del Bastón de Caramelo en Berchtesgaden no solo es una festividad para los visitantes, sino también una celebración que une a la comunidad local. Es un momento para compartir, disfrutar de la compañía de amigos y familiares, y vivir la magia del Adviento en los Alpes.

Esta festividad es un homenaje a las tradiciones bávaras y al espíritu acogedor de Berchtesgaden. Ofrece a los visitantes una visión auténtica de la cultura y la calidez de esta región de Alemania, convirtiéndolo en un destino encantador para aquellos que buscan experimentar la Navidad en su máxima expresión en los Alpes bávaros. El Día del Bastón de Caramelo de Berchtesgaden es, en última instancia, un recordatorio de cómo la tradición y la dulzura pueden unirse para crear una festividad inolvidable.

La carrera de hombres peludos de Burgos, España

En la ciudad de Burgos, ubicada en la hermosa región de Castilla y León, España, se celebra una festividad verdaderamente única y extravagante: la Carrera de Hombres Peludos, también conocida como "Carrera de los Peludos" o "Carrera del Hombre Lobo." Esta festividad, que se lleva a cabo en el marco de las celebraciones de las fiestas de San Pedro y San Pablo, es una mezcla de tradición, humor y, por supuesto, mucho vello facial.

La Carrera de Hombres Peludos tiene sus raíces en la historia de Burgos, que se remonta a siglos atrás. Si bien las festividades de San Pedro y San Pablo son tradicionalmente religiosas, esta carrera en particular es una invención más moderna que se ha convertido en una parte esencial de las festividades.

La Carrera de Hombres Peludos es un evento de 100 metros en el que los participantes deben tener una característica distintiva: un bigote o barba prominente. No es necesario ser un hombre lobo de verdad, pero la carrera celebra la masculinidad y la virilidad de una manera humorística. Los participantes compiten en categorías diferentes según la longitud y el estilo de su vello facial.

La Carrera de Hombres Peludos es mucho más que una simple competencia. Atrae a una multitud animada de espectadores y visitantes que se reúnen para disfrutar de la diversión y el espectáculo. La atmósfera es festiva y bulliciosa, con música, risas y aplausos a medida que los corredores peludos hacen su camino hacia la meta.

Si bien la carrera es principalmente por diversión, se otorgan premios simbólicos a los ganadores en diferentes categorías. Los participantes a menudo se esfuerzan en la creación y decoración de sus barbas y bigotes para impresionar al jurado y al público. Ser coronado como el "Hombre Peludo" es un honor y motivo de orgullo.

A lo largo de los años, la Carrera de Hombres Peludos ha evolucionado y ha incorporado elementos modernos, como desfiles y eventos previos a la carrera. Además, ha ganado reconocimiento a nivel nacional e internacional como un evento peculiar y entretenido que atrae a visitantes de todas partes.

La Carrera de Hombres Peludos es un recordatorio de cómo las festividades pueden ser momentos de alegría, humor y comunidad. Celebra la diversidad de estilos de vello facial y el espíritu festivo que reside en el corazón de Burgos.

Para aquellos que buscan una experiencia auténtica y fuera de lo común en España, la Carrera de Hombres Peludos de Burgos ofrece una oportunidad única para participar en una festividad verdaderamente singular. La risa, la camaradería y la competencia hacen de este evento una experiencia que difícilmente se olvidará.

Boryeong Mud Festival: Cuando el barro es más divertido en Corea del Sur

Boryeong Mud Festival, una celebración de dos semanas donde la diversión se encuentra con el fango. Comenzado en 1998, el Boryeong Mud Festival fue originalmente una campaña de marketing para los productos cosméticos de barro de la ciudad. El barro de Boryeong es rico en minerales, especialmente bentonita y germanio, y se ha utilizado para una variedad de productos para el cuidado de la piel. En lugar de simplemente promocionar los productos, los habitantes de la ciudad decidieron invitar al público a experimentar los beneficios del barro de primera mano.

El festival es una combinación inigualable de juegos de barro, música y fiestas en la playa. Durante el día, los participantes pueden deslizarse por toboganes de barro, sumergirse en piscinas de barro, participar en peleas de barro o simplemente aplicarse el barro mineral en la piel como un tratamiento de spa. Las actividades son tan variadas que hay algo para cada tipo de viajero, desde el más entusiasta hasta el más relajado.

Una de las atracciones más populares es la gran lucha de barro, donde los equipos se enfrentan en un campo embarrado. Aunque la competencia puede ser feroz, el ambiente es lúdico y amistoso. Los espectadores a menudo se encuentran a sí mismos animando y riendo a carcajadas mientras observan las escenas todos embarrados de barro.

El Boryeong Mud Festival es una celebración de la diversión, la camaradería y los beneficios saludables del barro. Al final del día, puedes estar cubierto de pies a cabeza en barro, pero también estarás lleno de alegría y risas. Y, quién sabe, tu piel podría lucir más brillante y fresca que nunca.

Celebraciones de supersticiones y mitos

Las celebraciones de supersticiones y mitos nos sumergen en un mundo donde las creencias ancestrales y las supersticiones se convierten en parte integral de la cultura y la tradición. A través de rituales y festividades, las comunidades honran y exploran sus creencias en seres sobrenaturales, eventos mágicos y prácticas a menudo vistas como extrañas o inexplicables. En este capítulo, exploraremos las celebraciones que giran en torno a supersticiones y mitos, y descubriremos cómo estas tradiciones influyen en la vida cotidiana y la espiritualidad de las personas.

Muchas celebraciones de supersticiones y mitos están relacionadas con la veneración de seres sobrenaturales, como dioses, espíritus, monstruos y criaturas míticas. A través de rituales y festividades, las personas buscan agradar a estas entidades y ganar su favor o protección. Ejemplos incluyen el Festival de Hannukah en el judaísmo, que celebra la victoria sobre la opresión, y el Festival de Diwali en la India, que honra la victoria de la luz sobre la oscuridad.

Algunas festividades de supersticiones y mitos están ligadas a prácticas de adivinación y predicciones del futuro. Estos rituales a menudo involucran consultas a videntes, la observación de señales en la naturaleza o el uso de objetos mágicos. Las personas participan en estos rituales para obtener orientación y comprender lo que les depara el destino. Ejemplos incluyen festividades relacionadas con el Año Nuevo, como Nowruz en Irán, donde se practican rituales de adivinación.

Otras celebraciones buscan proteger a las comunidades de fuerzas malignas o espíritus oscuros. Estos rituales de exorcismo y purificación pueden incluir la quema de objetos impuros, la realización de danzas rituales o la participación en procesiones para alejar el mal. Las festividades como el Día de los Muertos en México también pueden considerarse rituales de protección, ya que se cree que honrar a los difuntos los mantiene alejados de las almas vivientes.

Algunas festividades de supersticiones y mitos están vinculadas a la observación de ciclos naturales, como los ciclos lunares o estacionales. Estas festividades a menudo involucran la realización de rituales para garantizar la fertilidad, la abundancia de cultivos o la protección contra eventos naturales adversos. Ejemplos incluyen el Festival Songkran en Tailandia, que celebra el Año Nuevo tailandés con rituales de purificación, y el Inti Raymi en los Andes, que honra al sol y marca el renacimiento de la luz.

En última instancia, las celebraciones de supersticiones y mitos son un medio para transmitir valores y creencias de generación en generación. Estas festividades fomentan la cohesión social y la identidad cultural al unir a las personas en torno a un conjunto compartido de creencias. También ofrecen una ventana a la espiritualidad y la cosmovisión de las comunidades que las celebran.

A medida que exploramos las celebraciones de supersticiones y mitos en las próximas páginas, nos sumergiremos en el mundo de las creencias y las prácticas que han dado forma a las culturas de todo el mundo. Descubriremos cómo estas festividades reflejan la riqueza de la diversidad humana y cómo continúan influyendo en la vida cotidiana y la espiritualidad de las personas.

Fiesta del agua y el sol: Songkran en Tailandia

Songkran, que significa "traspaso" o "cambio" en sánscrito, celebra el Año Nuevo tailandés. En esta celebración, la tradición y la modernidad se entrelazan de manera intrigante, resultando en un festival que es tanto un espectáculo acuático como una ceremonia de purificación y renovación.

En la mañana del festival, el ambiente se llena de serenidad y respeto. Los tailandeses visitan templos para orar, hacer méritos y participar en el ritual de Rod Nam Dum Hua. Este rito implica el derramamiento de agua perfumada en las manos de los ancianos, como un gesto de respeto y un deseo de bendiciones para el Año Nuevo. Además, es tradición limpiar las imágenes de Buda con agua perfumada, creyendo que esto lavará la mala suerte y traerá prosperidad.

La solemnidad de la mañana contrasta alegremente con las festividades de la tarde. A medida que el sol se eleva en el cielo, las calles de ciudades como Bangkok y Chiang Mai se convierten en gigantescos campos de batalla acuáticos. Niños y adultos, locales y turistas, todos se unen en un juego alegre y refrescante. El objetivo es simple: empaparse unos a otros con todo lo que pueda contener agua, ya sean cubos, pistolas de agua o mangueras.

El sonido del agua chisporroteando en el pavimento caliente se mezcla con las risas y los gritos de alegría. Es una fiesta para los sentidos, llena de alegría y diversión, pero también de respeto y buena voluntad. Songkran, nos muestra cómo la diversión y la devoción pueden coexistir, enriqueciendo aún más la experiencia de celebrar la vida.

Festival de la luna llena en Tailandia,

El Festival de la Luna Llena en Tailandia, conocido localmente como "Loi Krathong" o "Yi Peng," es una de las festividades más impresionantes y mágicas de Asia. Esta celebración es un testimonio de la rica herencia tailandesa y de la profunda conexión que el pueblo tailandés tiene con la naturaleza y el cosmos.

El Festival de la Luna Llena tiene sus raíces en antiguas tradiciones tailandesas que honraban a los dioses del agua y pedían perdón por la contaminación de los ríos y arroyos. La festividad también se asocia con la veneración de Buda y la adoración de la diosa de la Luna, Phra Mae Khongkha. En la actualidad, Loi Krathong se celebra en toda Tailandia y Laos en la noche de la luna llena del duodécimo mes del calendario lunar tailandés (generalmente en noviembre).

Una de las tradiciones más destacadas de Loi Krathong es el lanzamiento de krathongs y khom loi. Los krathongs son pequeñas embarcaciones hechas a mano, generalmente de hojas de banano o plátano, adornadas con flores, velas y monedas como ofrendas a los dioses del agua. Los khom loi, por otro lado, son farolillos de papel que se llenan de aire caliente con una vela en la parte inferior y se lanzan al cielo nocturno. El efecto de cientos de khom loi iluminando el cielo es verdaderamente mágico y espectacular.

Durante Loi Krathong, las ciudades y pueblos de Tailandia se llenan de celebraciones públicas. Se organizan desfiles de krathongs iluminados, espectáculos de danza tradicional tailandesa, música en vivo y competencias de belleza. Las calles y los templos se llenan de colores y la atmósfera es de alegría y celebración.

Aunque Loi Krathong es una festividad vibrante y festiva, también tiene un lado espiritual importante. Para muchas personas, es un momento de reflexión, agradecimiento y perdón. Se cree que lanzar un krathong o un khom loi simboliza dejar ir las preocupaciones y los problemas pasados y abrir el corazón a nuevas posibilidades.

En los últimos años, ha habido un énfasis creciente en la sostenibilidad y la conservación durante Loi Krathong. Para proteger los cuerpos de agua y reducir la contaminación, se fomenta el uso de materiales biodegradables en la fabricación de krathongs. Además, algunos lugares han optado por no lanzar khom loi para prevenir incendios forestales y proteger el medio ambiente.

El Festival de la Luna Llena en Tailandia es una experiencia inolvidable que combina espiritualidad, tradición, belleza natural y celebración. Las luces centelleantes de los khom loi y la belleza de los krathongs flotando en el agua crean un ambiente mágico que atrae a visitantes de todo el mundo. Loi Krathong es un ejemplo inspirador de cómo una festividad puede evolucionar y mantenerse relevante mientras sigue honrando sus raíces culturales y espirituales.

El Festival de la Luna Llena en Tailandia, conocido como Loi Krathong o Yi Peng, es una celebración espiritual y espectacular que une a la gente en una profunda conexión con la naturaleza y el cosmos. Con sus tradiciones únicas, el lanzamiento de krathongs y khom loi, y su ambiente festivo, esta festividad es un reflejo de la belleza y la espiritualidad de la cultura tailandesa.

Toro Nagashi: Un río de luces en Japón

El Toro Nagashi es una tradición budista que se celebra en todo Japón durante el Obon, un festival anual para honrar a los antepasados. "Toro" se refiere a las linternas de papel y "Nagashi" significa flotar. Por lo tanto, Toro Nagashi es el acto de enviar linternas flotantes por un río o el mar.

Este festival se realiza al anochecer, cuando el cielo se oscurece y las primeras estrellas comienzan a brillar. Las familias se reúnen en las orillas del río, cada una con una linterna hechas de papel. En la linterna, escriben mensajes para sus seres queridos fallecidos y la decoran con flores y hojas.

Cuando llega el momento, las linternas se encienden y se colocan suavemente en el agua. Las corrientes del río recogen las linternas y las llevan a la deriva, creando una magnífica exhibición de luces flotantes. Es un espectáculo de serenidad y belleza, donde las luces brillantes se reflejan en la superficie del agua y bailan con la brisa nocturna.

El Toro Nagashi es una experiencia emotiva y espiritual, recordándonos la transitoriedad de la vida y la importancia de honrar a aquellos que han fallecido. Pero también es una celebración de la vida, un momento para reunirse con la familia y amigos y apreciar la belleza del mundo que nos rodea.

Día de los Muertos: Celebrando la vida con la muerte en México

Contrario a lo que se podría pensar por su nombre, el Día de los Muertos, celebrado del 1 al 2 de noviembre, es una festividad vibrante y llena de vida que honra a aquellos que han partido. Es una oda a la existencia que trasciende la vida terrenal, un recordatorio de que la muerte es simplemente otro paso en el viaje de la vida.

Durante esta festividad, México se viste con los colores más vivos y las calles se llenan de festividades. Las familias preparan altares en sus hogares, llamados "ofrendas", decorados con cempasúchil, la flor de los muertos, velas, fotografías de los seres queridos fallecidos, y sus comidas y bebidas favoritas. Estos altares no son lugares de luto, sino espacios para compartir recuerdos y celebrar la vida de aquellos que ya no están.

Pero la celebración no termina en casa. Las calles se llenan de desfiles llamados "calacas" (esqueletos), donde las personas se visten con trajes coloridos y pintan sus rostros como calaveras, bailando y cantando al ritmo de la música. La figura de la Catrina, un esqueleto elegantemente vestido que se ha convertido en el símbolo de la festividad, está presente en todas partes, recordándonos que la muerte es democrática y que, sin importar nuestro estatus en vida, todos compartiremos el mismo destino.

En las plazas y mercados, los vendedores ofrecen "pan de muerto", un dulce horneado especialmente para esta festividad, y las famosas calaveras de azúcar, pequeñas obras de arte comestibles que llevan inscritos nombres de los vivos y los muertos.

El Día de los Muertos es una celebración llena de contrastes: la alegría se mezcla con la nostalgia, la vida con la muerte, el pasado con el presente. Pero, sobre todo, es una festividad que nos recuerda que la muerte no es algo que debemos temer, sino simplemente una etapa más de la vida que todos compartiremos. En la celebración de los muertos, encontramos una apreciación más profunda de la vida, un recordatorio para vivir plenamente y amar intensamente, porque nuestros días en esta tierra son finitos, pero nuestros recuerdos y legado pueden ser eternos.

Holi: Un arco iris de alegría en India

Holi marca el comienzo de la primavera y es un festival de alegría, diversión y, por supuesto, color. El corazón de Holi es el juego de colores, donde las personas se lanzan polvos de colores vibrantes y agua tintada entre ellas. Imagina las calles llenas de risas y gritos de alegría, mientras nubes de colores rojo, azul, verde, amarillo y rosa llenan el aire. Todos, desde niños hasta ancianos, participan en este carnaval de colores, olvidando todas las preocupaciones y disfrutando del espíritu de Holi.

Pero Holi no es solo diversión y juegos. También es una celebración del amor y la unidad. Según la leyenda, el festival conmemora el amor divino entre Krishna y Radha, y celebra la victoria del bien sobre el mal. Durante Holi, todas las barreras sociales se rompen y las personas de todas las edades, castas y géneros celebran juntas, cubiertas de los mismos polvos de colores.

Además del juego de colores, Holi también es famoso por sus delicias culinarias. Los visitantes pueden disfrutar de una variedad de platos tradicionales de Holi, como 'gujiyas', dulces rellenos de nueces y coco, y 'thandai', una bebida refrescante a base de leche, especias y nueces.

La Noche de San Juan: Un viaje global a través de las llamas, la tradición y la celebración

La noche de San Juan, una celebración que tiene lugar en la víspera del 24 de junio, es uno de los festejos más mágicos y ancestrales de numerosas culturas alrededor del mundo. Aunque las tradiciones varían dependiendo del lugar, su esencia siempre se mantiene, se trata de una festividad que rinde homenaje al sol durante el solsticio de verano y celebra la llegada de San Juan Bautista.

En España, por ejemplo, es tradición encender hogueras o 'fogueres' en la playa, simbolizando la purificación y el poder renovador del fuego. La gente se reúne alrededor del fuego, se lanzan fuegos artificiales y se celebra hasta el amanecer. En algunas regiones, como en Galicia, se añade la tradición de saltar la hoguera nueve veces para atraer la buena suerte o quemar un muñeco de trapo, conocido como "meiga" o "juas", para alejar los malos espíritus.

En Puerto Rico, las familias y amigos se dirigen a las playas locales para celebrar la noche de San Juan. A medianoche, es costumbre darse un chapuzón en el mar, de espaldas, mientras se pide un deseo, como un acto de purificación y de bienvenida a lo positivo.

En Argentina, la noche de San Juan es celebrada con rituales que invitan a la suerte y al amor. Un ritual común es escribir deseos en un papel y quemarlo para que se cumplan. Otros incluyen el encendido de fogatas, la quema de muñecos, y las comidas compartidas con amigos y familiares.

Por supuesto, estos son solo algunos ejemplos de cómo se celebra la noche de San Juan. En cualquier lugar que se celebre, esta noche siempre se llena de alegría, esperanza y un profundo respeto por las tradiciones que nos conectan con nuestro pasado y nos guían hacia el futuro. La noche de San Juan es, sin duda, una celebración de la luz, del fuego y del agua, elementos vitales que nos recuerdan la belleza y el misterio de la vida.

En países como Suecia, Noruega o Dinamarca, la noche de San Juan, también conocida como la víspera de San Juan o "midsommarafton", es una festividad de gran importancia. Es tradición adornar las casas y el mobiliario con guirnaldas y flores, y alzar un "midsommarstång" o mástil de mayo, alrededor del cual se danzan canciones tradicionales. Las hogueras también suelen ser una parte importante de la festividad, representando el punto culminante del verano y la luz que vence a la oscuridad.

En Portugal, la ciudad de Porto celebra la noche de San Juan con una grandiosa fiesta que atrae a miles de personas cada año. Los ciudadanos se lanzan algarrobas (pequeñas bolas de papel) entre ellos, y adornan las calles con globos y arcos de colores. Al caer la noche, la ciudad se ilumina con fuegos artificiales y hogueras.

En Filipinas, la noche de San Juan, conocida como "Wattah Wattah" o "Basbasan Festival", es una festividad llena de agua. Los habitantes de la ciudad de San Juan celebran rociándose agua entre ellos, en memoria de la tradición bíblica de San Juan Bautista, que bautizó a Jesús rociándole agua.

Más allá de las diferencias culturales y geográficas, la noche de San Juan es una celebración universal que marca un momento de cambio, de renovación y de esperanza. Es una invitación a celebrar la vida, la naturaleza y la capacidad humana para crear alegría y belleza. Sin importar en qué parte del mundo te encuentres, la noche de San Juan nos recuerda que todos somos parte de un todo más grande, interconectados a través de tradiciones y celebraciones que trascienden las fronteras y el tiempo.

En la medida en que el fuego se consume y el nuevo día comienza, la noche de San Juan nos ofrece la posibilidad de un nuevo comienzo, un momento para purificar nuestros corazones y nuestras mentes, y para dar la bienvenida a la luz y a la positividad en nuestras vidas. Es una noche mágica que, más allá de las hogueras, los deseos y las tradiciones, nos invita a celebrar la vida en todas sus formas.

La Fiesta de la Cabra de Bremgarten, Suiza

En el tranquilo pueblo suizo de Bremgarten, ubicado en el cantón de Argovia, se celebra una festividad que destaca por su peculiaridad y caos controlado: la Fiesta de la Cabra, conocida localmente como "Böögg." Este evento, que tiene lugar durante la primavera, es una mezcla de tradición, diversión y un toque de absurdo.

La Fiesta de la Cabra tiene sus raíces en la tradición pagana de despedir el invierno y dar la bienvenida a la primavera. Originalmente, la festividad estaba destinada a ahuyentar los espíritus malignos y asegurar una temporada de cosecha exitosa. Con el tiempo, la festividad se convirtió en una celebración popular en Bremgarten.

El punto focal de la festividad es el "Böögg," una figura de nieve y paja que representa al invierno. El Böögg se erige en una gran pira en el centro del pueblo y está lleno de fuegos artificiales. Su destino es ser consumido por las llamas.

La festividad alcanza su punto culminante cuando se prende fuego al Böögg. La duración de la quema del Böögg se considera un indicativo del pronóstico para la temporada de verano: si el Böögg arde rápidamente, se espera un verano cálido; si se resiste al fuego, se espera un verano más fresco.

La Fiesta de la Cabra incluye un desfile alegre en el que los participantes se visten con trajes tradicionales suizos y se llevan a cabo actividades como la danza y la música folclórica. La festividad es una oportunidad para que la comunidad se reúna, socialice y celebre la llegada de la primavera.

La figura de la cabra es emblemática de la festividad y está presente en todo el evento. La Cabra de Bremgarten es una mezcla de tradición ancestral y la creatividad contemporánea de la comunidad local.

La Fiesta de la Cabra de Bremgarten es una festividad que destila un espíritu de alegría, comunidad y renovación. Aunque puede parecer inusual a los ojos de los forasteros, es una tradición profundamente arraigada que conecta a la comunidad con su historia y cultura.

La Fiesta de la Cabra de Bremgarten es una celebración que da la bienvenida a la primavera de una manera única y, a menudo, extravagante. Ofrece una visión fascinante de cómo las festividades pueden ser un reflejo de la identidad local y una oportunidad para que las comunidades se unan en torno a la diversión y la tradición.

La danza de la lluvia de San Isidro Labrador en España

En España, la llegada de la primavera es celebrada de muchas maneras, y una de las festividades más singulares y llenas de tradición es la Danza de la Lluvia de San Isidro Labrador. Esta festividad, que se celebra el 15 de mayo en honor a San Isidro, el patrono de los agricultores, es un rito que busca la bendición de la lluvia para asegurar una temporada de cosecha abundante.

San Isidro Labrador, un campesino nacido en Madrid en el siglo XII, es venerado en toda España como el patrón de los agricultores y trabajadores del campo. Su vida se caracterizó por su devoción religiosa y su generosidad hacia los menos afortunados.

El 15 de mayo, miles de personas se congregan en Madrid y otras regiones de España para celebrar el Día de San Isidro. La festividad incluye misas, procesiones y actividades culturales, pero uno de los aspectos más destacados es la Danza de la Lluvia.

La Danza de la Lluvia es un rito que se ha realizado durante generaciones en España, especialmente en las áreas rurales. Durante la festividad de San Isidro, grupos de danzantes se reúnen en los campos y realizan una coreografía tradicional que imita el proceso de siembra y cosecha. La danza busca atraer la atención de las deidades y pedir su bendición para la lluvia que será vital para el éxito de los cultivos.

Los participantes en la Danza de la Lluvia visten trajes tradicionales que representan a los campesinos y agricultores de siglos pasados. La música que acompaña la danza es interpretada con instrumentos folclóricos como la gaita y el tambor, creando una atmósfera festiva y emotiva.

La Danza de la Lluvia es un rito lleno de esperanza y fe en la generosidad de la naturaleza. Los danzantes expresan su gratitud por la tierra y buscan asegurar una cosecha exitosa que alimente a sus comunidades.

Esta festividad es un recordatorio de la profunda conexión entre el pueblo español y la tierra que cultiva. También refleja la importancia de la espiritualidad y las tradiciones en la vida cotidiana de las comunidades agrícolas.

A pesar de los cambios en la sociedad moderna, la Danza de la Lluvia de San Isidro Labrador sigue siendo una festividad apreciada y respetada en España. Mantiene viva la tradición de honrar a los agricultores y buscar la bendición de la lluvia para el bienestar de la comunidad.

La Danza de la Lluvia de San Isidro Labrador es un rito de esperanza y renovación que une a las comunidades españolas en torno a la tierra, la espiritualidad y la abundancia. Es una celebración de la naturaleza y la fe en un futuro próspero, y una muestra de cómo las tradiciones pueden mantenerse vigentes en el mundo moderno.

Carrera de los caballos sin cabeza de Porton Down, Reino Unido

En las colinas del sur de Inglaterra, en una región conocida como Porton Down, se celebra una festividad que ha dejado perplejos a locales y visitantes durante siglos: la Carrera de los Caballos Sin Cabeza. Esta misteriosa y única tradición tiene lugar en la noche de

Halloween y ha capturado la imaginación de quienes buscan una experiencia fuera de lo común.

Porton Down es una extensa área de tierras rurales y colinas ubicada en el condado de Wiltshire, al sur de Inglaterra. Esta región es conocida por su belleza natural y su historia intrigante, que incluye antiguos misterios y leyendas.

La Carrera de los Caballos Sin Cabeza se celebra exclusivamente en la noche de Halloween, el 31 de octubre. Esta fecha, que marca el inicio de la temporada de festividades de otoño, es conocida por su relación con lo sobrenatural y lo inexplicable.

La festividad se basa en la leyenda de los caballos sin cabeza, criaturas míticas que supuestamente deambulan por las colinas de Porton Down durante la noche de Halloween. Se cree que estos caballos son los espíritus de antiguos guerreros que murieron en batalla y que regresan para buscar venganza.

La Carrera de los Caballos Sin Cabeza es un evento que se lleva a cabo en la oscuridad de la noche. Los participantes, vestidos con trajes tradicionales de la época victoriana, corren por las colinas de Porton Down sosteniendo antorchas encendidas. El objetivo es seguir un antiguo sendero marcado mientras evitan a los misteriosos caballos sin cabeza que supuestamente merodean.

La festividad atrae a visitantes de todas partes del mundo que buscan experimentar una verdadera noche de Halloween llena de misterio y emoción. La atmósfera es intensamente inmersiva, y los participantes se sumergen en el mundo de lo desconocido.

A pesar de su carácter inusual y misterioso, la Carrera de los Caballos Sin Cabeza ha persistido durante generaciones y se ha convertido en una parte importante del folclore local de Porton Down. La festividad es un testimonio de la capacidad de las tradiciones para evolucionar y adaptarse con el tiempo.

La Carrera de los Caballos Sin Cabeza de Porton Down ofrece a aquellos que buscan una experiencia única la oportunidad de sumergirse en el misterio y la intriga de Halloween en un entorno espectacular. Es una festividad que celebra la conexión entre lo sobrenatural y lo terrenal, y que sigue fascinando a quienes se aventuran en la oscuridad de Porton Down en esta noche tan especial.

Festividades de deportes extremos

Las festividades de deportes extremos son una celebración de la valentía, la destreza y la búsqueda de emociones fuertes. Estos eventos reúnen a atletas y entusiastas que desafían los límites de lo que es posible en deportes como el surf, el snowboard, el paracaidismo y más. En este capítulo, exploraremos las festividades que destacan la emoción de los deportes extremos y cómo estas celebraciones se han convertido en una parte integral de la cultura y la diversión.

Las festividades de deportes extremos atraen a aquellos que buscan emociones intensas y una dosis de adrenalina. Estos eventos son una oportunidad para aquellos que están dispuestos a enfrentar lo desconocido, desafiando la gravedad y superando sus propios límites. Ejemplos incluyen festivales de surf de olas gigantes en Hawái y competencias de wingsuit en los Alpes suizos.

A menudo, estas festividades crean una comunidad de personas intrépidas y apasionadas por el deporte extremo. Los participantes comparten una mentalidad de "nada es imposible" y se apoyan mutuamente en su búsqueda de emociones extremas. Las festividades no solo son una competencia, sino también una celebración de la camaradería y el espíritu deportivo.

Las festividades de deportes extremos a menudo son el escenario donde los atletas rompen barreras y establecen nuevos récords. Ya sea surfeando una ola gigante, saltando desde altitudes increíbles o realizando trucos espectaculares en bicicleta de montaña, estas celebraciones dan lugar a momentos históricos en el mundo de los deportes extremos.

El mundo de los deportes extremos también fomenta la creatividad y la innovación. Los participantes constantemente buscan nuevas formas de abordar desafíos y realizar acrobacias impresionantes. La estética y la originalidad de los movimientos y trucos a menudo se convierten en una forma de arte en sí misma.

pesar de la emoción y la aventura, la seguridad es una prioridad en las festividades de deportes extremos. Los organizadores y participantes trabajan juntos para garantizar que se sigan las mejores prácticas y que se minimice el riesgo. Estas festividades promueven la importancia de la formación adecuada y la preparación antes de embarcarse en aventuras extremas.

Las festividades de deportes extremos atraen a personas de todo el mundo, convirtiéndolas en eventos verdaderamente globales. Desde los picos nevados de los Alpes hasta las playas soleadas de Hawái, estos eventos se celebran en lugares icónicos y ofrecen la oportunidad de explorar paisajes asombrosos.

A medida que exploramos las festividades de deportes extremos en las próximas páginas, nos sumergiremos en el mundo de la emoción, la valentía y la determinación. Descubriremos cómo estas celebraciones permiten a las personas desafiar los límites de lo físicamente posible y experimentar la vida al máximo.

Wife Carrying Championship: Esposas a la espalda en Finlandia

Este evento inusual, que tiene lugar en la ciudad de Sonkajärvi cada verano, tiene sus raíces en el siglo XIX. Originalmente, se decía que el "Eukonkanto" era una costumbre de los bandidos locales, quienes se llevaban a las mujeres de otros pueblos en sus espaldas. Ahora, por suerte, la competición es mucho más amigable y llevada a cabo en un espíritu de diversión y deportividad.

Los participantes, parejas casadas o no, deben correr un recorrido de 253.5 metros con la mujer llevada en la espalda. Aunque el título sugiere que son los hombres quienes llevan a las mujeres, las parejas del mismo sexo y las mujeres llevando a los hombres son bienvenidas también. No existen reglas estrictas sobre cómo debe llevarse a la pareja: puede ser al estilo "bombero", sobre los hombros, o incluso al revés, con las piernas de la mujer alrededor del cuello del portador y colgando hacia abajo.

El camino no es fácil, con obstáculos en el camino y una "piscina de agua" que los corredores deben cruzar. Pero a pesar de los retos, el ambiente es de diversión y risas, con los espectadores animando a las parejas mientras corren, tropiezan y a veces caen.

El premio para la pareja ganadora es ciertamente único: el peso de la mujer llevada en la espalda en cerveza. Pero más allá de los premios y la competencia, el Campeonato de Llevar a la Esposa es una celebración del amor, la fuerza y el compañerismo. Es una prueba de resistencia y determinación, y a pesar de su naturaleza graciosa, lleva consigo un mensaje profundo: en el matrimonio y en la vida, debemos apoyarnos mutuamente, en los buenos y malos momentos, y siempre avanzar juntos, sin importar los obstáculos que se presenten.

El Campeonato de Llevar a la Esposa es una ventana a la cultura finlandesa, famosa por su amor a los deportes inusuales y su sentido del humor. Es un recordatorio de que, a veces, el amor puede ser una carrera de obstáculos, pero con la persona correcta a tu lado (o en tu espalda), puedes llegar a la meta, sin importar lo resbaladizo, empinado o difícil que sea el camino.

Hadaka Matsuri: El festival de los gritos desnudos en Japón

Hadaka Matsuri, o el Festival de los Hombres Desnudos es un antiguo festival Shinto que se celebra en varias partes de Japón, pero es más famoso en la ciudad de Okayama. A pesar de su nombre, los participantes no están completamente desnudos, sino que llevan fundoshi, una especie de taparrabos tradicional japonés, y a veces también jikatabi, un tipo de calzado de trabajo japonés.

El evento principal del Hadaka Matsuri es cuando miles de hombres, solo en sus fundoshi, luchan por la posesión de shingi, palos sagrados, que son lanzados por un sacerdote shinto en la multitud. Se cree que quien consiga atrapar uno de estos palos y logre colocarlo en una caja de arroz tendrá un año de felicidad y buena suerte.

Imagina la escena: una multitud de hombres, medio desnudos en el frío invierno, todos gritando y empujándose en un intento de conseguir los palos sagrados. La energía es contagiosa, y aunque el evento puede parecer salvaje, está lleno de camaradería y espíritu de equipo.

El Hadaka Matsuri es una de esas experiencias que definen el viaje y que realmente ponen en perspectiva lo diverso que puede ser el mundo en sus celebraciones.

Carrera del esquí desnudo de Crested Butte, Estados Unidos

En las majestuosas montañas de Colorado, específicamente en la localidad de Crested Butte, se lleva a cabo una festividad que desafía las convenciones y despierta la curiosidad de quienes buscan experiencias inusuales: la Carrera del Esquí Desnudo. Este evento, que se celebra en pleno invierno, es un homenaje a la diversión, la valentía y la originalidad.

Crested Butte, una pintoresca localidad en las Montañas Rocosas de Colorado, es conocida por su belleza natural y su ambiente relajado. Además de ser un popular destino de esquí, es el escenario perfecto para la Carrera del Esquí Desnudo.

La Carrera del Esquí Desnudo se originó en la década de 1970 como una ocurrencia espontánea entre amigos que decidieron esquiar sin ropa durante la temporada de invierno. Lo que comenzó como una travesura pronto se convirtió en una tradición anual.

La premisa de la festividad es simple: los participantes esquían cuesta abajo sin ropa. Sin embargo, hay una regla fundamental: el calzado de esquí es obligatorio por razones de seguridad. Aparte de eso, la desnudez es la norma.

La Carrera del Esquí Desnudo es una competición amistosa y no competitiva. Los participantes, que a menudo se disfrazan o decoran sus cuerpos de manera creativa, descienden por las laderas nevadas con una mezcla de emoción y valentía. El objetivo es disfrutar de la experiencia y celebrar la libertad.

Aunque es una festividad inusual, la Carrera del Esquí Desnudo fomenta un fuerte sentido de comunidad. Los lugareños y visitantes se unen para celebrar la originalidad y la diversión en un entorno alpino espectacular.

La festividad incluye un desfile en el que los participantes caminan orgullosamente antes de la carrera. Tras la emocionante descenso, se lleva a cabo una fiesta post-carrera en Crested Butte, donde la música, la comida y la camaradería abundan.

La Carrera del Esquí Desnudo de Crested Butte es una celebración de la libertad individual y la creatividad. Es un recordatorio de que, en ocasiones, alejarse de las convenciones y disfrutar de la vida en su forma más simple y natural puede ser una experiencia liberadora.

A pesar de la extrañeza y el frío invernal, la Carrera del Esquí Desnudo ha persistido durante décadas y continúa atrayendo a participantes y espectadores por igual. Es un ejemplo de cómo la diversión y la originalidad pueden trascender las estaciones y unir a las personas en una celebración única en su género.

La Carrera del Esquí Desnudo de Crested Butte ofrece una experiencia inolvidable en la que la risa, la valentía y la originalidad se combinan en un emocionante descenso por las nevadas laderas de Colorado. Es una festividad que celebra la diversión, la comunidad y la libertad de una manera que solo Crested Butte podría ofrecer.

Carrera de Camas en Knaresborough, Reino Unido

En la histórica ciudad de Knaresborough, en el condado de Yorkshire, Reino Unido, se celebra una festividad inusual que combina deporte, comedia y espíritu comunitario: la Carrera de Camas. Este evento, que se lleva a cabo cada año en el verano, ha cautivado a lugareños y visitantes durante más de 50 años.

Knaresborough es conocida por su encanto histórico y su ubicación a orillas del río Nidd. Sus calles adoquinadas y su impresionante castillo atraen a turistas de todo el mundo. Sin embargo, es la Carrera de Camas la que agrega un toque único a esta pintoresca ciudad.

La Carrera de Camas se originó en 1966 como parte de las celebraciones del Jubileo de la Reina Isabel II. Un grupo de amigos locales decidió organizar una carrera de camas en la que los participantes empujarían camas con ruedas por las empinadas calles de Knaresborough. La idea resultó ser un gran éxito y se ha mantenido desde entonces.

La premisa de la festividad es simple pero estricta: los equipos de participantes deben empujar camas con ruedas, pero no pueden montarlas. Cada cama debe tener un conductor y un "cama-feo" (un asistente) que ayuda a empujar y maniobrar por el recorrido.

La Carrera de Camas es una competición en la que los equipos de participantes visten disfraces extravagantes y decoran sus camas de manera creativa. La carrera es una mezcla de habilidad, velocidad y humor, ya que los equipos se enfrentan a obstáculos y desafíos a lo largo del recorrido.

Lo que diferencia a la Carrera de Camas es su enfoque en la comedia. Los equipos suelen incorporar actos cómicos y escenas teatrales en su actuación durante la carrera, lo que provoca risas y aplausos de la multitud.

La Carrera de Camas atrae a participantes y espectadores de todas las edades, y es una verdadera celebración de la comunidad. Los fondos recaudados durante el evento suelen destinarse a organizaciones benéficas locales, lo que refleja el espíritu solidario de Knaresborough.

A lo largo de los años, la Carrera de Camas ha resistido las inclemencias del tiempo y ha continuado siendo una festividad querida en Knaresborough. Ha evolucionado con el tiempo, pero su esencia de diversión, comedia y comunidad sigue siendo la misma.

La Carrera de Camas en Knaresborough ofrece una experiencia única en la que la comedia se mezcla con la competición y el espíritu comunitario. Es una festividad que celebra la diversión, la creatividad y la colaboración en un escenario pintoresco junto al río Nidd, y es un recordatorio de que la tradición puede ser divertida y sorprendente.

Competencia de arrastre de troncos de Stihl en Wisconsin, Estados Unidos

En el corazón de los bosques del norte de Wisconsin, se lleva a cabo una festividad que rinde homenaje a las duras labores de los leñadores y celebra la fuerza y la destreza humanas: la Competencia de Arrastre de Troncos de Stihl. Este evento, que a menudo se realiza en ferias locales y festivales de la región, es una exhibición de la habilidad de los leñadores en una serie de desafíos emocionantes.

Wisconsin, apodado "el estado de la leche y la miel", es conocido por su abundante naturaleza y sus vastos bosques. La tala de árboles y la industria maderera han sido parte integral de la historia y la economía de la región.

La Competencia de Arrastre de Troncos de Stihl se originó en la década de 1980 como una forma de honrar y mantener viva la tradición de los leñadores. Stihl, una marca de equipos de jardinería y motosierras, patrocina estas competencias en todo el mundo para destacar la importancia de la industria maderera y la destreza necesaria para llevar a cabo esta labor.

La Competencia de Arrastre de Troncos incluye una variedad de disciplinas que ponen a prueba las habilidades de los leñadores. Algunas de las más destacadas son:

- ✓ **Corte de Troncos**: Los competidores deben cortar troncos de madera en el menor tiempo posible utilizando motosierras.
- ✓ **Arrastre de Troncos**: Los leñadores arrastran troncos de madera pesados por un recorrido determinado en el menor tiempo posible.

✓ **Corte de Precisión**: Los competidores deben realizar cortes precisos en troncos utilizando hachas y sierras, demostrando su destreza y control.

La Competencia de Arrastre de Troncos es mucho más que una simple exhibición. Es una muestra del orgullo y la pasión de los leñadores por su oficio. Los competidores entrenan durante años para perfeccionar sus habilidades y participar en este evento de prestigio.

La competencia se realiza comúnmente en ferias y festivales locales de Wisconsin, lo que agrega un ambiente festivo y comunitario a la experiencia. Los espectadores pueden disfrutar de la acción emocionante mientras celebran la herencia leñadora de la región.

La Competencia de Arrastre de Troncos de Stihl ha perdurado a lo largo de los años y ha crecido en popularidad en todo el mundo. Es un testimonio de la habilidad, la dedicación y la camaradería de los leñadores, así como una celebración de la importancia de la industria maderera en la historia y la economía de Wisconsin.

Esta festividad es un homenaje a los leñadores, cuyo arduo trabajo ha contribuido a la construcción y el desarrollo de Estados Unidos. La Competencia de Arrastre de Troncos de Stihl muestra cómo las tradiciones laborales pueden convertirse en eventos emocionantes y apreciados que mantienen viva la memoria de aquellos que trabajaron en los bosques de Wisconsin y más allá.

Festividades de arte y creatividad

Las festividades de arte y creatividad son un homenaje a la expresión humana en todas sus formas. Estos eventos celebran la belleza, la originalidad y la imaginación a través de manifestaciones artísticas como la pintura, la escultura, la música, la danza y más. En este capítulo, exploraremos festividades que resaltan la creatividad como un medio para la conexión cultural, la expresión personal y la celebración de la belleza en todas sus formas.

Las festividades de arte y creatividad reflejan la diversidad de expresiones artísticas en todo el mundo. Desde los festivales de música electrónica en Europa hasta las celebraciones de arte urbano en América del Norte, estas festividades abrazan una amplia gama de formas artísticas y culturas. Cada evento es una ventana a la riqueza de la creatividad humana.

Muchas festividades de arte y creatividad involucran colaboraciones entre artistas, músicos, bailarines y otros creadores. Estos eventos no solo celebran el trabajo individual, sino también la sinergia creativa que surge cuando las mentes y las habilidades se unen. Las comunidades creativas se unen para crear obras de arte efímeras que a menudo desafían las convenciones artísticas.

En algunas festividades de arte y creatividad, el público participa activamente en la creación artística. Ya sea a través de la pintura de murales colectivos, la construcción de instalaciones de arte efímero o la danza espontánea en las calles, estas celebraciones invitan a las personas a ser parte de la creación y la transformación artística.

Algunas festividades de arte y creatividad fusionan elementos tradicionales con expresiones artísticas contemporáneas. Esto puede incluir la reinterpretación de mitos y leyendas a través de danzas modernas, la incorporación de tecnología en actuaciones teatrales o la fusión de estilos musicales diversos en festivales de música. Estas fusiones creativas muestran cómo el arte sigue evolucionando y adaptándose a la era moderna.

En última instancia, las festividades de arte y creatividad son una celebración de la belleza en todas sus formas y la expresión personal. Los participantes tienen la libertad de explorar su propia creatividad, descubrir nuevas perspectivas y sumergirse en un mundo de sensaciones artísticas. Estas celebraciones inspiran a las personas a apreciar la belleza que les rodea y a expresarse de manera única.

A medida que exploramos las festividades de arte y creatividad en las próximas páginas, nos adentraremos en un mundo de imaginación, expresión personal y conexión cultural. Descubriremos cómo estas celebraciones transforman entornos urbanos y rurales en lienzos creativos y escenarios de expresión artística.

Festival de esculturas de arena de Weston-super-Mare, Reino Unido

En la pintoresca localidad costera de Weston-super-Mare, en el suroeste de Inglaterra, se celebra un evento único que transforma la arena dorada de su playa en una galería de arte al aire libre: el Festival de Esculturas de Arena. Este festival anual reúne a artistas y amantes del arte de la arena de todo el mundo para crear obras maestras efímeras en la costa.

Weston-super-Mare es conocida por su hermosa playa, su muelle histórico y su ambiente costero relajado. Durante el verano, la ciudad cobra vida con turistas que buscan disfrutar del sol y el mar.

El Festival de Esculturas de Arena de Weston-super-Mare se originó en la década de 1980 como una iniciativa para atraer a visitantes a la ciudad durante la temporada estival. Lo que comenzó como un evento local modesto ha crecido en envergadura y renombre a lo largo de los años.

El corazón del festival es la creación de impresionantes esculturas de arena en la playa. Los artistas, que provienen de todas partes del mundo, trabajan incansablemente con la arena húmeda para dar vida a sus visiones. Desde dragones y castillos hasta figuras mitológicas y retratos, las posibilidades son infinitas.

El Festival de Esculturas de Arena es competitivo y ofrece premios a las mejores obras. Los artistas compiten en diferentes categorías, y un jurado compuesto por expertos evalúa la originalidad, la técnica y la atención al detalle.

El festival no solo se trata de artistas profesionales, sino que también invita a la comunidad local y a visitantes a participar en talleres de escultura de arena. Esto fomenta la participación y la apreciación del arte entre personas de todas las edades.

Una de las características más notables del festival es la efimeridad de las obras. Las esculturas de arena, por su naturaleza, desaparecerán con las mareas y el paso del tiempo. Esto subraya la temporalidad del arte y resalta la importancia de la sostenibilidad ambiental.

A lo largo de los años, el Festival de Esculturas de Arena ha atraído a miles de visitantes que acuden a admirar las obras maestras de arena. La playa se convierte en una galería al aire libre donde las personas pueden pasear y disfrutar de la belleza efímera.

El Festival de Esculturas de Arena de Weston-super-Mare es una celebración del arte, la creatividad y la belleza efímera. Es un recordatorio de que el arte puede manifestarse en las formas más inesperadas y, a menudo, desaparecer con la misma gracia con la que llegó. Cada año, este festival transforma la playa en un lienzo de arena, dejando una huella duradera en la memoria de quienes lo visitan.

Festival de música de Woodstock, Estados Unidos

En agosto de 1969, en una granja en las afueras de Bethel, Nueva York, se llevó a cabo un evento que se convertiría en un hito cultural y musical: el Festival de Música de Woodstock. Este festival, originalmente concebido como un evento de tres días para celebrar la música y la paz, se convirtió en un símbolo de la contracultura de la década de 1960 y dejó una huella indeleble en la historia de la música y la sociedad.

Woodstock tuvo lugar en un momento crucial de la historia de Estados Unidos y el mundo. La década de 1960 fue testigo de importantes movimientos sociales y políticos, como la lucha por los derechos civiles y la oposición a la Guerra de Vietnam. La música se convirtió en una poderosa herramienta de expresión para una generación que buscaba el cambio y la unidad.

Woodstock fue concebido por cuatro jóvenes emprendedores: Joel Rosenman, John Roberts, Artie Kornfeld y Mike Lang. Originalmente, se pretendía como un lucrativo festival de música en la pequeña ciudad de Woodstock, en el estado de Nueva York. Sin embargo, después de enfrentar numerosos desafíos y obstáculos, el evento se trasladó a una granja en Bethel, donde finalmente se celebró.

El lema del festival, "Tres Días de Paz y Música", capturó el espíritu de la época. Woodstock reunió a una impresionante alineación de artistas, incluidos Jimi Hendrix, Janis Joplin, The Who, The Grateful Dead, Jefferson Airplane y muchos otros. A pesar de las condiciones precarias y el clima impredecible, la música y la camaradería prevalecieron.

Lo que hizo que Woodstock fuera verdaderamente especial fue el sentido de comunidad y unidad que floreció entre los asistentes. Más de 400,000 personas se congregaron en la granja de Bethel, y a pesar de las dificultades logísticas, se estableció un ambiente de paz, amor y solidaridad. La ayuda mutua y la tolerancia fueron los valores predominantes.

Woodstock dejó un legado duradero en la cultura popular y la música. Se convirtió en un símbolo de la contracultura y la búsqueda de un mundo más pacífico y justo. Además, sirvió como catalizador para futuros festivales de música y eventos similares.

El documental "Woodstock" de 1970, dirigido por Michael Wadleigh, capturó la esencia del festival y se convirtió en un fenómeno cinematográfico. La banda sonora del festival, con actuaciones memorables de artistas icónicos, también se convirtió en un éxito de ventas.

A lo largo de los años, se han realizado varios intentos de revivir el espíritu de Woodstock con ediciones posteriores del festival. Aunque ninguno ha logrado replicar completamente la magia del original, Woodstock sigue siendo un símbolo perdurable de la música, la paz y la unidad.

Woodstock fue más que un festival de música; fue un testimonio de una época de cambio y protesta. A pesar de sus desafíos y controversias, dejó una marca indeleble en la cultura y la historia de Estados Unidos y sigue siendo un recordatorio de que la música tiene el poder de unir a las personas en busca de un mundo mejor.

Festival de arte efímero de Skaftafell, Islandia

En el majestuoso entorno natural de Skaftafell, en Islandia, se celebra un festival de arte único que combina la creatividad humana con la efimeridad de la naturaleza: el Festival de Arte Efímero de Skaftafell. Situado en el Parque Nacional Vatnajökull, este evento anual reúne a artistas y amantes del arte de todo el mundo para crear obras maestras temporales en el entorno natural de Islandia.

Skaftafell es una región en el sureste de Islandia conocida por su impresionante belleza natural. Rodeada de glaciares, montañas y cascadas, esta área es un destino popular para los amantes de la naturaleza y los excursionistas.

El Festival de Arte Efímero de Skaftafell comenzó en 1995 como una iniciativa para celebrar la relación entre el arte y la naturaleza. Fue concebido como una oportunidad para que artistas de diferentes disciplinas crearan obras temporales que se integraran armoniosamente en el paisaje.

Lo que hace que este festival sea verdaderamente especial es la combinación del arte con la efimeridad de la naturaleza. Los artistas trabajan en estrecha colaboración con el entorno, utilizando materiales naturales que finalmente regresarán a la tierra. Esto crea una conexión única entre la creación humana y la belleza natural circundante.

Las obras de arte en el Festival de Arte Efímero de Skaftafell están destinadas a cambiar y evolucionar con el tiempo. Los materiales utilizados, como piedras, arena y madera, se ven afectados por las condiciones climáticas y la acción de la naturaleza, lo que añade una capa adicional de complejidad y belleza a las creaciones.

El festival atrae a artistas de todo el mundo que desean participar en esta experiencia única. Los artistas trabajan juntos durante un período de tiempo determinado para crear sus obras maestras, compartiendo sus conocimientos y perspectivas culturales.

El Festival de Arte Efímero de Skaftafell no solo celebra la creatividad, sino que también fomenta la reflexión sobre la relación entre el arte y la naturaleza. Invita a los visitantes a contemplar la efimeridad de todas las cosas y a apreciar la belleza que puede surgir de la colaboración entre el ser humano y la naturaleza.

A medida que las obras de arte del festival evolucionan y finalmente desaparecen, dejan un legado de belleza efímera en el corazón de Islandia. El festival continúa siendo una celebración de la creatividad, la naturaleza y la capacidad de los seres humanos para encontrar inspiración en el mundo natural que los rodea.

Festival de la nieve de Sapporo, Japón

Cada año, en la ciudad de Sapporo, en la isla de Hokkaido, Japón, se celebra uno de los festivales de invierno más espectaculares y asombrosos del mundo: el Festival de la Nieve de Sapporo. Este evento anual transforma el paisaje invernal en un reino de esculturas de hielo y nieve de proporciones monumentales, atrayendo a visitantes de todo el mundo para disfrutar de su belleza efímera y su espíritu festivo.

Sapporo, la capital de Hokkaido, es conocida por sus inviernos fríos y nevados. Durante febrero, la ciudad se convierte en el escenario perfecto para la celebración del Festival de la Nieve. Las calles y parques se llenan de esculturas de hielo y nieve, creando un ambiente mágico.

El Festival de la Nieve de Sapporo tuvo sus inicios en 1950, cuando un grupo de estudiantes de secundaria construyó seis esculturas de nieve en el parque Odori como una forma de entretener a los residentes locales durante el invierno. Desde entonces, el festival ha crecido exponencialmente en tamaño y popularidad.

El festival se destaca por las esculturas de hielo y nieve que son el centro de atención. Estas obras maestras son talladas a mano por equipos de artistas locales e internacionales. Desde castillos y personajes de cuento de hadas hasta réplicas de famosos monumentos, las esculturas son verdaderas proezas de habilidad y paciencia.

El Festival de la Nieve incluye competencias de escultura de hielo, donde los equipos compiten para crear las esculturas más impresionantes. Además, hay exhibiciones de esculturas iluminadas, que transforman la ciudad en un espectáculo de luces y colores durante la noche.

El festival no se trata solo de arte, sino también de comida. Los puestos de comida alrededor de la ciudad ofrecen delicias culinarias locales y especialidades de invierno para los visitantes que desean calentarse y disfrutar de la gastronomía japonesa.

El Festival de la Nieve no solo es una exhibición de esculturas impresionantes, sino que también incorpora elementos de la cultura y la tradición japonesas. Los eventos culturales, como actuaciones de danza y música tradicional, ofrecen a los visitantes una experiencia completa.

Uno de los aspectos más notables del Festival de la Nieve de Sapporo es su efimeridad. Las esculturas, a pesar de su grandeza y belleza, están destinadas a derretirse eventualmente, recordándonos la fugacidad de la vida y la belleza. Esto añade un nivel de aprecio especial por cada obra de arte.

El Festival de la Nieve de Sapporo ha ganado renombre internacional y atrae a visitantes de todas partes del mundo. Es una experiencia única que combina la belleza natural del invierno con la creatividad y la habilidad humanas.

El Festival de la Nieve de Sapporo es una celebración del invierno, la imaginación y la capacidad de transformar un paisaje invernal en un mundo de fantasía. Es un recordatorio de que la belleza puede encontrarse en los lugares más fríos y efímeros, y que la creatividad humana puede dar vida a la magia del invierno.

Festividades en peligro de extinción

En el vasto tapiz de festividades alrededor del mundo, existen aquellas que están en peligro de desaparecer. Estas festividades, arraigadas en la historia y la tradición de las comunidades, enfrentan desafíos que amenazan su continuidad. En este capítulo, exploraremos festividades en peligro de extinción y la importancia de preservar estas valiosas expresiones de la herencia cultural.

Las festividades en peligro de extinción son testimonios de las creencias, costumbres y rituales transmitidos de generación en generación. Estas celebraciones han perdurado a lo largo del tiempo, llevando consigo la historia y la identidad de las comunidades que las practican. Son un vínculo vital entre el pasado y el presente.

Las festividades en peligro de extinción enfrentan amenazas diversas. Pueden ser víctimas de la urbanización, la pérdida de interés de las generaciones jóvenes, la falta de recursos para su organización o la influencia de la globalización que impulsa la homogeneización cultural. Cada uno de estos factores contribuye al riesgo de que estas festividades desaparezcan.

A menudo, las festividades en peligro de extinción son mantenidas vivas por un puñado de individuos apasionados que se convierten en guardianes de la tradición. Estos preservadores culturales trabajan incansablemente para transmitir los conocimientos y las prácticas necesarias para la celebración de estas festividades. Son la última esperanza para evitar que estas tradiciones se desvanezcan.

La revitalización de festividades en peligro de extinción es un acto de revalorización de lo local y lo auténtico. Estas celebraciones a menudo reflejan la relación íntima entre una comunidad y su entorno, así como sus creencias únicas. Al preservar estas festividades, se reconoce y se honra la diversidad cultural.

La documentación de festividades en peligro de extinción a través de fotografía, cine o registros escritos puede contribuir significativamente a su preservación. Además, el turismo responsable puede brindar apoyo económico a las comunidades que luchan por mantener vivas estas celebraciones, al mismo tiempo que se promueve el respeto por las tradiciones locales.

La pérdida de festividades en peligro de extinción representa una pérdida irreparable de herencia cultural y diversidad humana. Es un llamado a la acción para que las comunidades, los gobiernos y los amantes de la cultura se unan en esfuerzos conjuntos para preservar estas festividades antes de que desaparezcan para siempre.

En las páginas que siguen, nos adentraremos en algunas de las festividades en peligro de extinción en diferentes partes del mundo. Descubriremos sus historias, las amenazas que enfrentan y los esfuerzos para mantenerlas con vida. Prepárate para un viaje a través del tiempo y la cultura, en un esfuerzo por preservar el patrimonio único de la humanidad.

La Festividad de los Reyes en Patagonia

La Festividad de los Reyes en Patagonia, Chile, enfrenta una amenaza de extinción debido a una serie de desafíos que ponen en riesgo su continuidad. Esta celebración, profundamente arraigada en la cultura patagónica y mapuche, se ha visto afectada por varios factores que han reducido su relevancia y participación.

Uno de los principales desafíos es el cambio en las costumbres y modos de vida de las comunidades locales. La disminución de la población rural y la migración a áreas urbanas han llevado a una pérdida de interés y participación en la festividad. Las generaciones más jóvenes pueden estar menos familiarizadas con las prácticas y rituales asociados con la festividad, lo que contribuye a su declive.

Además, la Festividad de los Reyes requiere recursos tanto financieros como logísticos para su organización y realización. Las comunidades que la celebran pueden enfrentar dificultades para reunir los fondos necesarios, y la falta de apoyo gubernamental u organizacional puede agravar la situación.

La influencia de la globalización y la creciente homogeneización cultural a nivel mundial también puede desplazar festividades tradicionales como esta en Patagonia. Celebraciones más comerciales o globales pueden eclipsar la relevancia y la participación en la festividad.

Adicionalmente, la Patagonia chilena enfrenta desafíos ambientales, como la conservación de sus ecosistemas únicos, lo que puede influir en la forma en que se lleva a cabo la festividad, ya que algunas prácticas tradicionales pueden entrar en conflicto con la conservación ambiental.

A pesar de estos desafíos, existen esfuerzos en curso por parte de las comunidades locales, organizaciones culturales y el gobierno para preservar la Festividad de los Reyes en Patagonia. Estos esfuerzos incluyen la documentación de la festividad, la promoción del turismo cultural responsable y la educación sobre su importancia cultural e histórica.

La preservación de la Festividad de los Reyes en Patagonia es esencial para mantener viva la rica herencia cultural y las tradiciones de esta región única, y representa un recordatorio de la importancia de proteger y celebrar las festividades en peligro de extinción en todo el mundo.

El Festival del Fuego de San Juan en Estonia

El Festival del Fuego de San Juan en Estonia se enfrenta a un peligro de extinción derivado de una serie de factores que amenazan su continuidad y relevancia en la sociedad contemporánea. Esta festividad, profundamente arraigada en la cultura estonia y sus tradiciones, ha experimentado importantes desafíos que han contribuido a su riesgo de desaparición.

En la Estonia moderna, los cambios en el estilo de vida y las costumbres de las personas han tenido un impacto significativo en la festividad. La urbanización y la globalización han llevado a que las generaciones más jóvenes se alejen de las tradiciones culturales rurales, como el Festival del Fuego de San Juan. Como resultado, muchos jóvenes pueden no sentir una conexión personal con la festividad y pueden no estar interesados en participar en ella.

El desinterés generacional es otro problema que afecta a esta festividad y a muchas otras tradicionales en todo el mundo. Las generaciones más jóvenes pueden no ver la relevancia de las antiguas celebraciones o pueden preferir formas de entretenimiento y actividades diferentes. Esto disminuye la participación en la festividad y contribuye a su declive.

La falta de recursos y apoyo también representa un desafío. La organización y realización del Festival del Fuego de San Juan requieren recursos, tanto financieros como logísticos. Las comunidades locales pueden enfrentar dificultades para reunir los fondos necesarios y garantizar la continuidad de la festividad. La falta de apoyo gubernamental o de organizaciones culturales también puede dificultar su sostenibilidad.

Las presiones sociales y económicas de la vida moderna también juegan un papel en el riesgo de extinción de esta festividad. Las personas pueden tener horarios de trabajo ocupados y compromisos familiares que dificultan su participación en eventos tradicionales como el Festival del Fuego de San Juan.

Para preservar esta festividad, puede ser necesario adaptarla a las necesidades y expectativas cambiantes de la sociedad contemporánea. Esto puede incluir la incorporación de elementos modernos o la creación de actividades relacionadas que atraigan a un público más amplio.

A pesar de estos desafíos, algunas comunidades y organizaciones en Estonia están llevando a cabo esfuerzos para preservar el Festival del Fuego de San Juan. Estos esfuerzos incluyen campañas de concienciación, programas educativos y la promoción del turismo cultural para destacar la importancia de esta festividad en la identidad estonia. La preservación de esta festividad depende de la adaptación y revitalización, así como de la conciencia y el apoyo de la sociedad en general para mantener viva esta valiosa expresión de la cultura estonia.

Fiesta de la Coca en Bolivia

La Fiesta de la Coca en Bolivia se encuentra en peligro de extinción debido a diversos factores que amenazan su continuidad como una celebración cultural arraigada en la historia y las tradiciones de ciertas comunidades bolivianas.

Uno de los principales desafíos que enfrenta esta festividad es la controversia y el estigma asociados con el consumo de la coca, una planta que tiene un papel importante en la cultura andina, pero que también está relacionada con la producción de cocaína. La percepción negativa de la coca ha llevado a restricciones gubernamentales y presiones internacionales para limitar su uso, lo que afecta directamente a la Fiesta de la Coca.

Además, el cambio en los patrones de migración y la urbanización ha llevado a que las comunidades rurales, donde esta festividad tiene un arraigo más profundo, se reduzcan en tamaño y se dispersen hacia áreas urbanas. Esto ha llevado a una disminución en la participación y la transmisión de conocimientos tradicionales asociados con la Fiesta de la Coca.

La falta de recursos financieros y apoyo gubernamental también ha contribuido al riesgo de extinción. La organización de esta festividad puede requerir inversión económica para llevar a cabo rituales, procesiones y actividades relacionadas. Sin el apoyo necesario, las comunidades pueden encontrar dificultades para mantener viva la festividad.

La globalización y la influencia de festividades más comerciales o globales también han influido en la disminución del interés por la Fiesta de la Coca. Las generaciones más jóvenes pueden estar menos interesadas en las tradiciones culturales locales y pueden verse atraídas por otras formas de entretenimiento.

En resumen, la Fiesta de la Coca en Bolivia se encuentra en peligro de extinción debido a la combinación de factores que incluyen la controversia en torno a la coca, el cambio en los patrones de migración, la falta de recursos y apoyo, y la influencia de la globalización. Su preservación depende de esfuerzos por parte de las comunidades locales, el gobierno y las organizaciones culturales para mantener viva esta importante expresión de la cultura boliviana.

Día de los Muertos en México

El Día de los Muertos en México, una festividad profundamente arraigada en la cultura mexicana, se encuentra en peligro de extinción debido a una serie de desafíos que amenazan su continuidad.

Uno de los principales factores que contribuyen a este riesgo es la creciente influencia de la cultura global y la homogeneización cultural. Con la exposición constante a celebraciones de Halloween y otras festividades extranjeras, algunas personas, especialmente las generaciones más jóvenes, pueden estar perdiendo interés en el Día de los Muertos. Esto puede llevar a una disminución en la participación y en la transmisión de conocimientos y tradiciones asociadas con la festividad.

Además, la urbanización y la migración interna en México han llevado a que muchas personas abandonen sus comunidades de origen, donde las tradiciones del Día de los Muertos suelen ser más arraigadas. A medida que las familias se dispersan hacia áreas urbanas, puede haber una pérdida de conexión con las costumbres tradicionales y la festividad.

El Día de los Muertos también enfrenta la presión de las festividades comerciales, ya que algunas empresas han comenzado a capitalizar la festividad para fines de lucro. Esto puede dar lugar a una comercialización excesiva de la festividad, lo que reduce su autenticidad y significado cultural.

Otro desafío importante es la falta de recursos y apoyo para llevar a cabo las celebraciones del Día de los Muertos. La organización de altares, ofrendas y eventos puede requerir inversión financiera y logística, y algunas comunidades pueden no tener los recursos necesarios para mantener viva la tradición.

A pesar de estos desafíos, es importante destacar que muchas comunidades y organizaciones en México están trabajando activamente para preservar y revitalizar el Día de los Muertos. Se están llevando a cabo esfuerzos para promover la educación sobre la festividad, mantener vivas las tradiciones y fomentar la participación de las nuevas generaciones.

El Día de los Muertos en México enfrenta desafíos que ponen en peligro su existencia, incluyendo la influencia de la cultura global, la urbanización, la comercialización excesiva, la falta de recursos y el cambio en las dinámicas familiares. Su preservación depende de la conciencia y el apoyo continuo de la sociedad mexicana y de los esfuerzos dedicados de las comunidades y las organizaciones para mantener viva esta rica expresión de la cultura mexicana.

Un encuentro de tradiciones

Las festividades son un reflejo vívido de la diversidad cultural que enriquece nuestro mundo. Cada cultura y comunidad tiene sus propias celebraciones, rituales y tradiciones que se transmiten de generación en generación. Estos eventos no solo son una oportunidad para celebrar y alegrarse, sino que también son puentes que conectan a las personas con su herencia cultural y promueven la comprensión entre diferentes grupos.

La diversidad cultural es una de las características más valiosas de la humanidad. Cada cultura tiene su propia historia, idioma, religión, arte, música y gastronomía que la distinguen. Las festividades son un testimonio vivo de esta diversidad, ya que cada una de ellas refleja las creencias, los valores y las experiencias de una comunidad en particular.

La diversidad en todas sus formas aporta una riqueza inmensurable a nuestras vidas. Cada cultura aporta su propio conjunto de tradiciones, conocimientos y perspectivas al mundo, enriqueciendo la experiencia humana en su conjunto. Al celebrar nuestras diferencias, abrimos las puertas a un mundo de posibilidades y oportunidades para aprender y crecer.

La diversidad es una característica fundamental de nuestro mundo. Desde diferencias culturales y étnicas hasta variaciones en religiones, idiomas, tradiciones y perspectivas, nuestras diferencias son una parte integral de lo que hace que la humanidad sea única y fascinante. Celebrar estas diferencias no solo es un acto de inclusión y respeto, sino que también enriquece nuestras vidas de innumerables maneras.

Las festividades sirven como puentes culturales que conectan a las personas de diferentes orígenes. Cuando las personas de diferentes culturas participan en las festividades de otros, tienen la oportunidad de aprender sobre tradiciones y costumbres que pueden ser completamente nuevas para ellos. Esto fomenta la apreciación y el respeto por las diferencias culturales.

Las festividades son oportunidades para promover la tolerancia y el entendimiento intercultural. Al participar en festividades de diferentes culturas, las personas pueden derribar barreras y prejuicios, fortaleciendo la coexistencia armoniosa en un mundo cada vez más diverso. Cuando aprendemos sobre las costumbres y creencias de otros, desafiamos estereotipos y prejuicios, y construimos puentes de comunicación y comprensión. Este proceso es esencial para fomentar la paz y la armonía en un mundo diverso.

Las festividades son puentes culturales que nos conectan con el mundo más allá de nuestras propias experiencias. Al aprender sobre las festividades de otras culturas, podemos ganar una apreciación más profunda de su herencia y su identidad. Este conocimiento no solo amplía nuestra perspectiva, sino que también nos inspira a abrazar y respetar las diferencias.

La celebración de nuestras diferencias no se limita a las festividades. En la vida diaria, podemos fomentar la inclusión y la diversidad al interactuar de manera respetuosa y abierta con personas de diferentes culturas y antecedentes. Escuchar sus historias, aprender sus idiomas y respetar sus costumbres son formas importantes de mostrar aprecio por la diversidad.

En un mundo lleno de festividades tradicionales y celebraciones familiares, las festividades insólitas destacan por su singularidad y excentricidad. Estos eventos a menudo desafían las expectativas y ofrecen una experiencia única que puede asombrar, sorprender y enriquecer nuestras vidas de maneras inesperadas. Si tienes la oportunidad de viajar, considera planificar tus viajes en torno a festividades globales. Participar en una festividad en el lugar de origen es una experiencia enriquecedora que te permite conectarte con la comunidad local y sumergirte en la autenticidad cultural.

Las festividades insólitas rompen con la rutina y lo convencional. A menudo, desafían las normas sociales y culturales, lo que las convierte en eventos fuera de lo común, estas festividades desafían las expectativas y nos invitan a cuestionar la normalidad.

Las festividades insólitas son una expresión de la creatividad humana en su forma más pura. Los organizadores y participantes a menudo se esfuerzan por crear experiencias únicas que desafían los límites de la imaginación. Aunque las festividades insólitas pueden parecer extravagantes, a menudo tienen raíces culturales profundas. Estos eventos pueden tener conexiones con la historia, la mitología o las tradiciones locales que les dan un significado especial.

Participar en festividades insólitas puede cambiar nuestra perspectiva y fomentar la apertura a nuevas experiencias. Al sumergirnos en la singularidad de estas celebraciones, aprendemos a abrazar la diversidad y a celebrar la creatividad humana en todas sus formas.

Las festividades insólitas son puertas a mundos inexplorados, donde lo inusual se convierte en mágico y lo extraordinario se vuelve ordinario. Atrévete a explorar estas celebraciones únicas que desafían las convenciones y te llevarán a un viaje de asombro y descubrimiento.

Las festividades insólitas a menudo desafían la lógica y la razón, y eso es lo que las hace tan intrigantes. Participar en festividades insólitas te sumergirá en la experiencia de lo desconocido. Estas experiencias únicas te desafiarán a salir de tu zona de confort y a abrazar lo inesperado. También puede ser una poderosa herramienta para derribar barreras culturales y prejuicios. Al interactuar con personas de diferentes culturas y antecedentes, puedes ganar una apreciación más profunda de sus perspectivas y valores únicos.

Consejos para viajar y experimentar festividades de manera segura

Las festividades ofrecen experiencias únicas e inolvidables, pero también pueden presentar desafíos y riesgos. Aquí tienes algunos consejos para viajar y experimentar festividades insólitas de manera segura y responsable:

Investigación previa

- ✓ **Investiga sobre la festividad**: Antes de viajar, investiga a fondo sobre la festividad en cuestión. Aprende sobre su historia, tradiciones, fechas y ubicación. Comprender el contexto te ayudará a prepararte mejor.

- ✓ **Consulta fuentes confiables**: Utiliza guías de viaje actualizadas, sitios web oficiales de festividades y testimonios de otros viajeros para obtener información precisa y actualizada.

Planificación del viaje

- ✓ **Itinerario flexible:** Diseña un itinerario flexible que te permita adaptarte a cambios inesperados en las festividades o en las condiciones del viaje.

- ✓ **Alojamiento y transporte**: Reserva tu alojamiento y transporte con anticipación, especialmente si visitas una festividad popular. Asegúrate de que tu alojamiento esté ubicado en una zona segura y accesible.

Salud y seguridad

- ✓ **Vacunas y salud:** Consulta a un profesional de la salud antes de viajar para asegurarte de estar al día con las vacunas necesarias y obtener recomendaciones de salud específicas para tu destino.

- ✓ **Seguro de viaje:** Adquiere un seguro de viaje que cubra emergencias médicas, cancelaciones de vuelos y pérdida de equipaje. Es un gasto necesario para viajar con tranquilidad.

- ✓ **Medicamentos y atención médica:** Lleva contigo cualquier medicamento que puedas necesitar y asegúrate de conocer la ubicación de hospitales y clínicas en el área que visitarás.

- ✓ **Seguridad personal:** Mantén siempre tus pertenencias seguras y vigila tus objetos de valor. Usa una riñonera o una bolsa cruzada para reducir el riesgo de robo.

Respeto cultural

- ✓ **Conoce las normas culturales:** Investiga las normas culturales y religiosas del lugar que visitarás. Asegúrate de respetar las costumbres locales y sigue las indicaciones de los anfitriones o guías.

- ✓ **Vestimenta adecuada:** Viste de manera apropiada según las tradiciones locales, especialmente si estás participando en festividades religiosas o tradicionales.

Comportamiento responsable

- ✓ **Alcohol y drogas:** Consume alcohol de manera responsable y evita el consumo de drogas ilegales, ya que pueden tener graves consecuencias legales y de salud.

- ✓ **Mantén la calma:** En festividades llenas de emoción, como las carreras de toros o eventos multitudinarios, mantén la calma y evita situaciones de riesgo innecesario.

Comunicación y contacto

- ✓ **Mantén a alguien informado:** Antes de partir, informa a un amigo o familiar sobre tu itinerario y comparte tu ubicación en tiempo real a través de aplicaciones de seguimiento si es posible.

- ✓ **Contacto local:** Lleva contigo la información de contacto de la embajada o el consulado de tu país en caso de emergencia.

Alimentación y agua

- ✓ **Comida segura:** Evita el consumo de alimentos de dudosa procedencia y bebe agua embotellada o tratada para evitar problemas estomacales.

Preparación para emergencias

- ✓ **Kit de primeros auxilios:** Lleva un kit de primeros auxilios básico que incluya suministros como vendas, desinfectante, analgésicos y repelente de insectos.

- ✓ **Números de emergencia:** Aprende los números de emergencia locales y ten un teléfono móvil cargado y listo para su uso en todo momento.

Sentido común

- ✓ **Usa el sentido común:** Si algo parece peligroso o inseguro, no lo hagas. Confía en tu intuición y evita situaciones riesgosas.

Viajar para experimentar festividades insólitas puede ser una experiencia inolvidable, siempre y cuando se haga de manera segura y responsable. Sigue estos consejos y estarás mejor preparado para disfrutar de las maravillas del mundo de las festividades insólitas.

En esta emocionante travesía a través de las celebraciones del mundo, hemos explorado la riqueza de la diversidad cultural que adorna nuestro planeta. Desde las festividades más emblemáticas hasta las más insólitas, hemos descubierto cómo cada celebración es un tesoro que enriquece nuestras vidas y nos llena de asombro y gratitud.

A medida que cerramos estas páginas, te invitamos a llevar contigo la magia de las festividades en tu corazón. Que esta exploración te inspire a viajar, a abrazar la diversidad y a celebrar la maravilla del mundo que nos rodea. Que cada día sea una ocasión para la alegría, la unidad y el descubrimiento.

En nombre de todos los que han contribuido a este viaje y de quienes lo han experimentado, te deseamos que tus propios días estén llenos de celebración y que encuentres la belleza en cada rincón de nuestro extraordinario mundo.

Printed in Great Britain
by Amazon